きみのお金は
誰のため

プロローグ
社会も愛も知らない子どもたち 007

第1章
お金の謎《なぞ》1
「お金自体には価値がない」 025

燃やされるお金 028
捨てることのできるチケット 032
金《きん》と欲望の歴史 034
難しい単語に満足する人たち 036
水を一万円で売る方法 039
税金に隠された秘密 043
即席《そくせき》でできる家庭用紙幣 047
トランプと札束が同じに見える瞬間《しゅんかん》 051
お金が広げる社会 053
ボスの正体 057

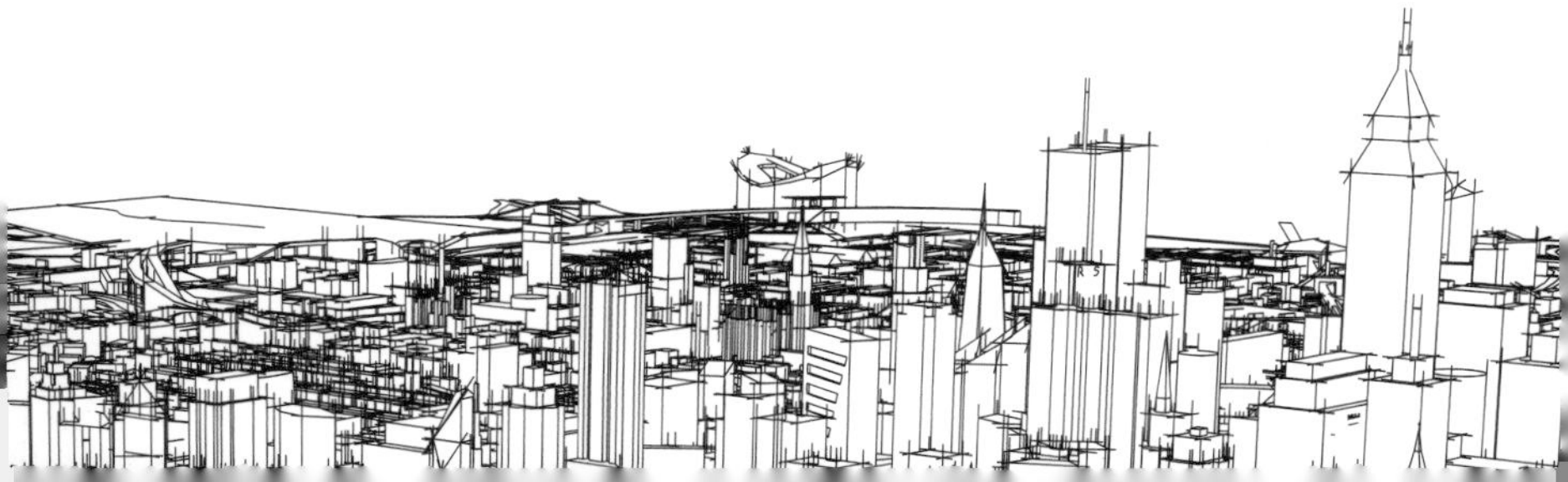

第2章

お金の謎《なぞ》2「お金で解決できる問題はない」 063

お金はえらくない 066
百万円とドーナツの問題解決力 069
お金のむこうに人がいる 071
パスされた解けない問題 074
お金の力は選ぶだけの力 077
七海の事情 080
お金を過信する国の末路 083
紙幣で穴埋《あなう》めできない生産力 086
経世済民という優しい経済 089
点数に取り憑《つ》かれた現代社会 092
ムダな仕事をなくすための条件 094

第3章

お金の謎《なぞ》3

「みんなでお金を貯めても意味がない」

101

お金の地動説 105
休日にお金を使えない街 107
1億2000万人のイス取りゲーム 111
増やせないお金 115
お金が隠す人々のつながり 118
未来に蓄えるもの 120
値段で価値は測れない 126
内側と外側の価値の違い 129
奪い合うお金と共有する未来 131

第4章

格差の謎《なぞ》

「退治する悪党は存在しない」

137

ボスとエンジェル投資 140

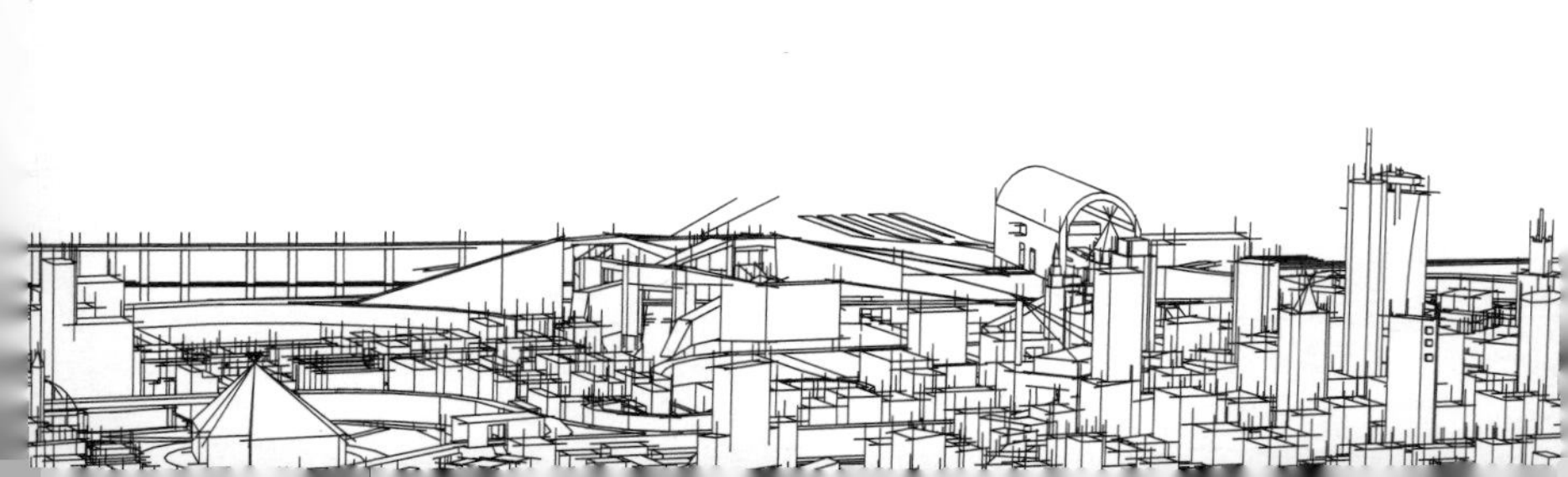

投資と世界の格差　143
お金の格差と暮らしの格差　146
格差を減らす大富豪　149
若い時間が未来を創る　151
お金の向こう研究所　153
投資と消費のお金が選ぶ未来　158
格差を作る犯人　160
再分配の雨　163
過去の重荷と未来への期待　167

第5章

社会の謎《なぞ》

「未来には贈与《ぞうよ》しかできない」

171
将来のツケにならない借金　174
内側と外側で働く人々　178
欲しがる預金と拒《こば》む借金　181

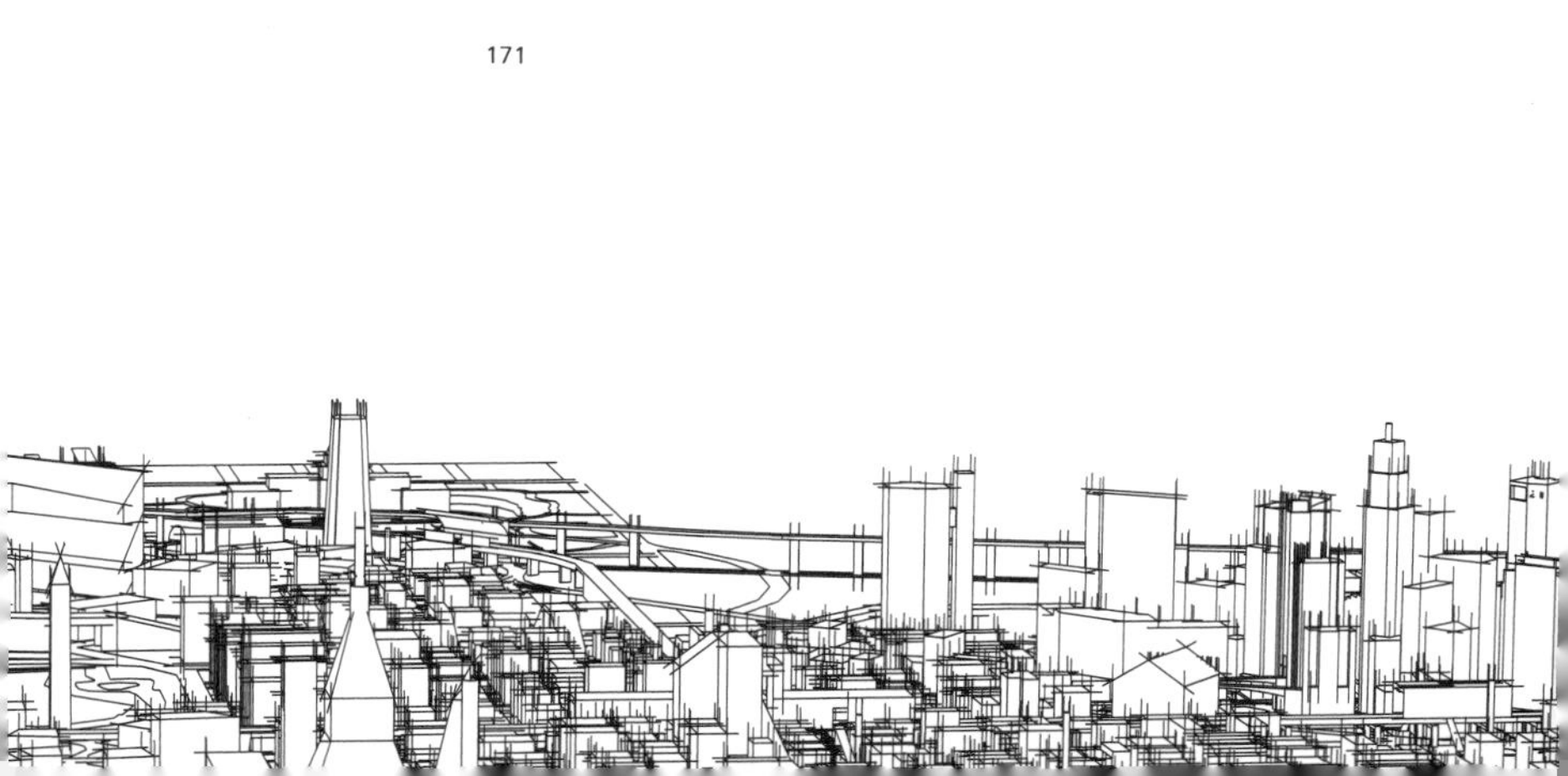

同じ世代の中の格差　183
時間は戻《もど》らない　186
働けなくなった国の行く末　189
将来のツケになる本当の赤字　191
世界は贈与でできている　195

最終章

最後の謎《なぞ》
「ぼくたちはひとりじゃない」　203

エピローグ
6年後に届いた愛　229

参考文献　248

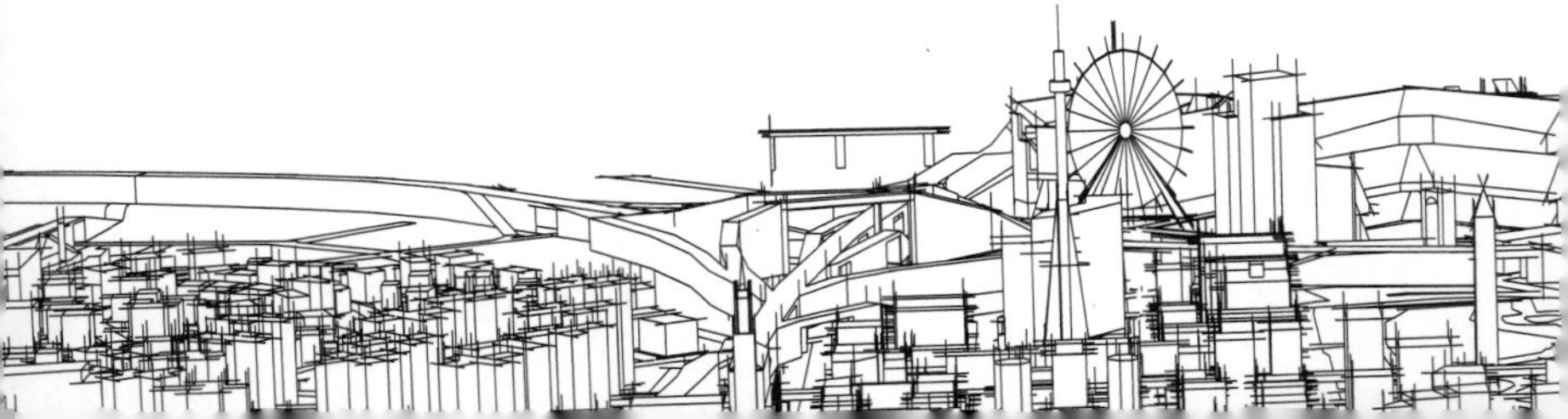

プロローグ

社会も愛も知らない子どもたち

「しょせんは10キロの紙切れや」

その男は、積み上げた1億円の札束の山をポンとたたいてそう言った。

中学2年生の佐久間《さくま》優斗《ゆうと》は、自分の手のひらが汗《あせ》でしめっていくのを感じた。あまりに現実離《ばな》れした光景に、映画かネット動画でも観ている感覚になる。しかし、それはたしかに目の前に存在していた。手を伸《の》ばせば触《さわ》れる現実だった。

お金持ちはずるい。だからこそ、自分もお金をもうけたい。それが優斗の素直《すなお》な気持ちだった。この男に出会ったとき、お金のもうけ方を教えてもらえると思っていた。ところが、彼《かれ》が語り始めたのはお金の正体というわけのわからない話。妙《みょう》なことに巻《ま》き込《こ》まれたとは思ったが、行き先のわからない特急列車に飛び乗ったような興奮を覚えた。

優斗の運命を動かしたのは、ある意味、彼自身のお金への執着《しゅうちゃく》だったと言える。あの一言を口にしなければ、教室を20分早く出ていた。そうすれば、この部屋で札束の山を見つめることもなかった。今ごろは、家の畳《たたみ》に寝転《ねころ》んで、推理小説の続きでも読んでいただろう。

そして、彼女《かのじょ》の人生と交わることもなかったはずだ。


話は1時間前にさかのぼる。

2人きりの放課後の教室で、優斗は担任と向かい合って座《すわ》っていた。

彼の通う中学校では、11月になると、2年生を対象に個別の進路指導が始まる。志望する高校はすでに決めていたから、面談は5分もかからずに終わると思っていた。

ところが、将来の職業の話になって、うかつな一言を発してしまったのだ。

「年収の高い仕事がいいです」と。

担任としての使命感に火がついたのか、虫の居所もよくなかったのか、ここから長い説教が始まった。

「お金よりも大事なものがあるだろ」とか、

「社会のために自分に何ができるのかを考えろ」とか。

優斗には納得《なっとく》がいかない。社会のために働くのが大事なのはわかる。でも、結局はお金のために働くのではないか。先生だって同じはずだ。

本音を隠《かく》してキレイごとだけ言う大人が、優斗は大の苦手だった。

そういう相手にまともに反論しても、時間のムダでしかない。「めんどくさっ」と心の中で何度もつぶやいて、じっとがまんしていた。それが、優斗の口癖《くちぐせ》でもある。気持ちを落ち着かせるには便利な言葉だ。

とはいえ、くどい説教から解放されるまでにたっぷり20分以上かかった。

教室から出ると、廊下《ろうか》の窓越《まどご》しに、不気味な黒い雲が迫《せま》っているのが見えた。傘《かさ》を持ってこなかったことを後悔《こうかい》しながら、優斗は一段飛ばしに階段を降りた。


彼女と出会ったのは、あの屋敷《やしき》にさしかかったときだった。

「あの屋敷」とみんなから呼ばれているのは、体育館ほどの広さのある謎《なぞ》めいた屋敷のことだ。高い塀《へい》に囲まれていて、中の様子はいっさいうかがえない。かろうじて洋風の屋根の一部だけが見える。

錬金術師《れんきんじゅつし》が住んでいるというバカげた噂《うわさ》もあった。

「ねえ。ちょっと、いいかな？」

急に呼び止められて、優斗は振《ふ》り返《かえ》った。グレーのパンツスーツを着た、すらりとした若い女性が、肩《かた》まである茶色の髪《かみ》をかきあげている。

「このお屋敷の入り口、知っていたりしない？」

広すぎる屋敷だが、一周したらいいじゃないか、と優斗は一瞬思った。しかし、歩きにくそうにする彼女のかかとがヒールに擦《す》れて真っ赤になっているのが見えた。

黒い雲がすでに空をおおっていたが、困っている人をほうってはおけなかった。

「えっと、たぶんこっちです」

すぐに、女性の半歩先を歩き、思い当たるほうへと案内する。優斗は屋敷のことが気になって、冗談《じょうだん》っぽく聞いてみた。

「ここって、錬金術師が住んでいるっていう噂《うわさ》があるんですよね」

「へえ。やっぱり有名なのね」

思いがけない返答に優斗は振り返った。しかし、彼女は顔色ひとつ変えない。ふざけているようには見えなかった。

2人が、入り口と思われる黒い金属製の扉《とびら》の前に立つと、彼女は横にあるインターホンを押《お》した。しばらくして、黒い扉が音をたててスライドする。

威風堂々《いふうどうどう》と建つ白い洋館が姿を現した。風格あるたたずまいからは、長い年月の経過が感じ取れた。初めてのぞく塀の中の世界に、優斗は浮《う》き足立つ。

興味を持つと、余計なことにでも首をつっこんでしまうのが、優斗の悪いくせだ。小さいころ、泳げないのに、兄のまねをしてプールに飛《と》び込《こ》んで溺《おぼ》れたことがある。しかも、2回である。

錬金術とは怪《あや》しそうではあるが、ここで何が行われているのか、気になってしょうがなかった。

――バケツをひっくり返したような雨がおそってきたのは、そのときだった。周りの景色が一変する。アスファルトに打ちつける水しぶきで、路面はたちまち白くなった。

「早く！　こっち！」

そう叫《さけ》ぶと、彼女は駆《か》け出《だ》していた。優斗はためらうことなく、その背中を追った。

彼女に続いて、優斗も洋館の中に体をすべり込《こ》ませた。吹《ふ》きつける雨が入らないように、大きな扉をあわてて閉める。とたんに、激しい雨音は遠ざかった。

建物の中は、異質な空気と時間が流れていた。

高い天井《てんじょう》の玄関《げんかん》ホールには深紅《しんく》の絨毯《じゅうたん》が敷《し》かれていて、左右に伸びる廊下にも続いていた。壁《かべ》には高そうな絵画がいくつも飾《かざ》られている。屋敷の外観も内装も、優斗が推理小説を読むときに思《おも》い描《えが》くお金持ちの屋敷そのものだった。激しい雨に、大富豪《だいふごう》の住む洋館。そして、錬金術。何か事件でも起きそうだ。

パンツスーツの女性は、バッグから出したハンカチで濡《ぬ》れた髪《かみ》をふいていた。

優斗の妄想《もうそう》が広がる。もしかすると、彼女は事件の調査にでもやってきたのかもしれない。知的で気の強そうな横顔が、自分の正義を貫《つらぬ》く弁護士か検察官を思わせた。

優斗は、ストレートに聞いてみた。

「錬金術って何なんですか？」

彼女は一瞬《いっしゅん》けげんな顔をしたが、すぐに気づいて、否定した。

「ああ、知っていたわけじゃなかったのね。お金を簡単に増やしちゃうから、錬金術って呼ばれているのよ。ここのボスは投資で莫大《ばくだい》な富を築いたから」

ボス。その呼び方を聞いて、マフィアの親分みたいな人物が思《おも》い浮《う》かぶ。さらに、質問を重ねようとしたとき、2人の前に若い男性が現れた。

「久能《くのう》さんですね。お待ちしておりました。急に降ってきましたが、大丈夫《だいじょうぶ》でしたか」

久能と呼ばれた彼女が、キリッとした目を男性に向けた。

「私は大丈夫です。それより、こちらの彼を雨宿りさせてあげられませんか。ここまで道案内してもらったんです」

「もちろんです」と男は言って、優斗に笑顔《えがお》を向けてきた。少なくともマフィアの仲間ではなさそうだ。

2人は左の廊下の奥へと案内された。

「こちらでボスがお待ちかねです」

男の立ち止まった扉は他に比べてひときわ大きい。3回ノックしてから、彼はその扉を開けた。

部屋の中にいた男がイスから立ち上がる。他には誰《だれ》もいないから、間違《まちが》いなく彼がボスだ。しかし、その立ち上がった男は、優斗の抱《いだ》くボスという単語のイメージとはかけ離《はな》れていた。

小動物のような初老の男性。

それがいちばんはじめの印象だった。中学生になって背が伸びたとはいえ、自分よりも背の低い大人を見るのは初めてだった。白髪《しらが》交じりの頭に、少し広めのおでこ。何よりも彼を印象づけるのはその屈託《くったく》のない笑顔だった。小さな体に、高級そうな茶色のスーツがフィットしていた。

「おお。久能七海《くのうななみ》さんやな。よう来てくれた。こんな雨の中に、ご苦労さんや」

そう言いながら、ボスの視線が女性から優斗のほうへと移った。案内役の男性が思い出したかのように優斗を紹介《しょうかい》する。

「こちらの方は、久能さんに道を教えてくださったそうです。しばらく、上の部屋で雨宿りしてもらおうと思います。えっと、お名前は……」

「あ、佐久間といいます」

緊張《きんちょう》して硬《かた》くなる優斗に、ボスは笑顔を向ける。

「雨が止《や》むまでゆっくりしていったらええわ、朝熊《あさくま》くん」

「いえ、佐久間です。佐久間、優斗です」

今度ははっきりとした口調で言い直すと、ボスは「佐久間……くんか」とつぶやいて、何かを思い出しているような表情をした。

「どこかでお会いしましたっけ？」

優斗が不思議そうにたずねると、ボスは「いやいや」とあわてて否定して、こんな提案をしてきた。

「優斗くんやったな。せっかくやから、君もこの部屋で話を聞いていかへんか？」

にんまり笑うボスは多少不気味ではあるが、優斗の中では圧倒的《あっとうてき》に好奇心《こうきしん》が上回っていた。

「僕《ぼく》も、いいんですか」

と、声を弾《はず》ませて答える。

「かまへん、かまへん。未来を担《にな》う若者はいつでも大歓迎《だいかんげい》や」

ボスは口元をゆるめて笑った。

優斗は、広々とした部屋に足を踏《ふ》み入《い》れる。ボスの前にある楕円《だえん》の大きなテーブルの他に、ビリヤード台も置かれていて、高い天井から吊《つ》るされたシャンデリアがわずかに揺《ゆ》れていた。大きな窓からは、激しく降る雨だけが見える。

背後で扉が閉められると、外界から切《き》り離《はな》された空間に3人が取り残された。優斗とグレーのスーツの女性がボスに向かい合うように座る。

彼女が先に口を開いた。

「改めまして、久能七海です。メールではご挨拶《あいさつ》させていただきましたが、直接お目にかかれて光栄です」

「たしか、七海さんは、七つの海と書くんやったな。世界中の海という意味やな。スケールのでかい名前でええこっちゃ。君の上司のフィリップからは名前をよう聞いとるで。ナナミイズ グレイトっていつも彼がほめとるわ」

ボスは両手を広げておおげさなジェスチャーをしている。初対面の優斗や七海を下の名前で呼ぶことになれなれしさを感じたが、この初老の男性はきっと海外暮らしが長いのだろうと優斗は納得することにした。

七海はアメリカの投資銀行の東京支店で働いていて、為替《かわせ》や日本国債《こくさい》の取引で大量のお金を扱《あつか》うようだ。弁護士でも検察官でもなかったが、優斗の予想は大外れでもないだろう。気の強そうな彼女の話し方から、周りを強気に説《と》き伏《ふ》せている仕事ぶりが、容易に想像できた。

背筋を伸ばして座る七海が、歯切れの良い口調で言った。

「こちらで勉強するようにと上司に言われております。投資でどうやってもうけるのかをぜひ学びたいです」

彼女は新幹線と電車を乗《の》り継《つ》いで2時間以上かけてやってきたそうだ。その意気込《いきご》みが優斗にも伝わってきた。ところが、そんな彼女の期待などお構いなしに、ボスは笑って首を振《ふ》った。

「残念やけど、お金もうけの話はいっさいせえへんで」

「えっ……」

七海は露骨《ろこつ》に顔をしかめる。そのためにここまで来たのに、とでも言いたげな表情だ。

「僕が話すのは、お金自体の話や」

そう言うと、足元に置いていた重そうな紙袋《かみぶくろ》を膝《ひざ》の上に乗せて、中のものをテーブルに積み始めた。

優斗は目を大きく見開いた。

「これ……、本物？」

それはまぎれもない百万円の札束だった。札束が次々と積み上げられていく。20個、30個くらいまでは、すごいなと感心していられたが、50を超《こ》えたあたりから、感心が徐々《じょじょ》に恐怖《きょうふ》へと変わっていった。

ボスが最後の1つを山のてっぺんに置いた。

「これで1億や。この屋敷は建てられへんけど、この辺やったら、そこそこの豪邸《ごうてい》は建てられるやろな。この大金を見ると、みんな心拍数《しんぱくすう》が上がるもんや」

彼の言うとおりだった。自分の鼓動《こどう》が速くなっているのを優斗は感じていた。目の前の光景に唖然《あぜん》としつつ、ただ見守るしかなかった。

「しかし、な。しょせんは10キロの紙切れや」

1億円を事もなげに扱うボスの雰囲気《ふんいき》に完全に飲まれそうになっていた。しかし、それに続いた言葉にがっかりした。

「こんなもんに価値があるわけやない。もっと大事なものがあるんや。君らみたいな子どもは、社会も愛も知らんのやろうな」

ボスの言葉がさっきの担任の言葉に重なる。この人もきっとキレイごとを並べる人なのだろう。それに、えらそうな態度も鼻についた。

中学生の優斗はともかく、立派な社会人の七海を子ども扱いするところに、ボスという人間の傲慢《ごうまん》さを感じた。

その気持ちを顔に出さないようにして、優斗はボスにたずねた。

「それって道徳の話ですよね」

ところが、ボスから返ってきたのは予想外の反応だった。

「ワッハッハッハッハ」

豪快《ごうかい》な笑い声が、部屋の壁にこだまする。

「道徳の話なんて誰がするねん。僕を誰やと思っているんや。僕はお金の話しかせえへんで」

彼は札束の山をポンとたたくと、笑顔のまま話し続けた。

「多くの人がお金のために働き、お金に感謝する。年収が高ければえらいと思い、貯金が多ければ幸せやと感じる。生活を支えるのはお金やと勘違《かんちが》いして、いつしかお金の奴隷《どれい》に成り下がるんや」

お金の奴隷。

つい1時間前、「年収の高い仕事がいいです」と言ったばかりの優斗の腹に、そのセリフがずしりと響《ひび》いた。

「お金の奴隷にならないために、お金を稼《かせ》ぎたいんです」

反論したのは、ボスに子ども扱いされた七海だった。その声からは強い意志が感じられた。

「それこそが、奴隷の証拠《しょうこ》なんや」

ボスは決めつけたが、彼女はすぐに切り返した。

「お聞きしますが、ここにある1億円には価値があるとは思われないんですか？　なくなったら困りますよね？」

ボスはゆっくり首を振ると、

「むしろ、お金を受け取ってくれる人を探しているくらいや」

と真顔で言い放った。

引くに引けなくなって口走ったのだろうと優斗は思ったが、そうではなかった。ボスの話には続きがあった。

「もちろん、誰でもいいわけやないで。条件がある。まずは僕の話を聞いてお金の正体を理解することや」

「お金の正体……ですか？」

七海が整った眉《まゆ》をひそめた。

「簡単なことや。たったの3つの真実や」

ボスが小さな指を立てながら、数え上げる。

「一、お金自体には価値がない。
二、お金で解決できる問題はない。
三、みんなでお金を貯《た》めても意味がない」

真実も何も、すべてが真逆じゃないか。そう思った優斗は疑問をそのまま口にした。

「謎《なぞ》すぎますよ。だって、明らかにお金には価値があります、よね？」

味方を探して隣《となり》を向くと、七海がうなずいて続けてくれた。

「私もそう思います。お金で解決できない問題もありますが、多くの問題はお金で解決します。お金を貯めることにしても、将来に備えるためには必要なことです」

「そうか、謎《なぞ》か」

神妙《しんみよう》な顔をしたボスがあごを触《さわ》る。

「その3つの謎《なぞ》を解明すれば、お金の正体が見えてくる。お金の奴隷から解放されるんや。その上で、この建物の本当の価値がわかる人には、この屋敷ごとあげていいと思っているんや」

「こちらの本当の価値、ですか」

七海が値踏《ねぶ》みをするような目つきで、部屋の中を見回す。

「七海さんだけやないで。優斗くんもここで話を聞いていくからには、立派な候補者や」

言い終えると、ボスは元の笑顔に戻《もど》った。

優斗は両腕《りようううで》をテーブルに乗せて前のめりになっていた。お金の正体も気になったし、お金の奴隷にもなりたくないと思った。

怪しい人ではあるが、少なくとも嘘《うそ》をつく人には見えない。キレイごとを言わなそうなところには好感が持てる。

冷静に考えると、見ず知らずの優斗を候補者にするのはおかしな話だ。しかし、このときはそこまで考える余裕《よゆう》はなかった。そして、なぜか自分がこの屋敷をもらえるような気がしていた。

窓の外で、雷鳴《らいめい》がひとつ轟《とどろ》いた。

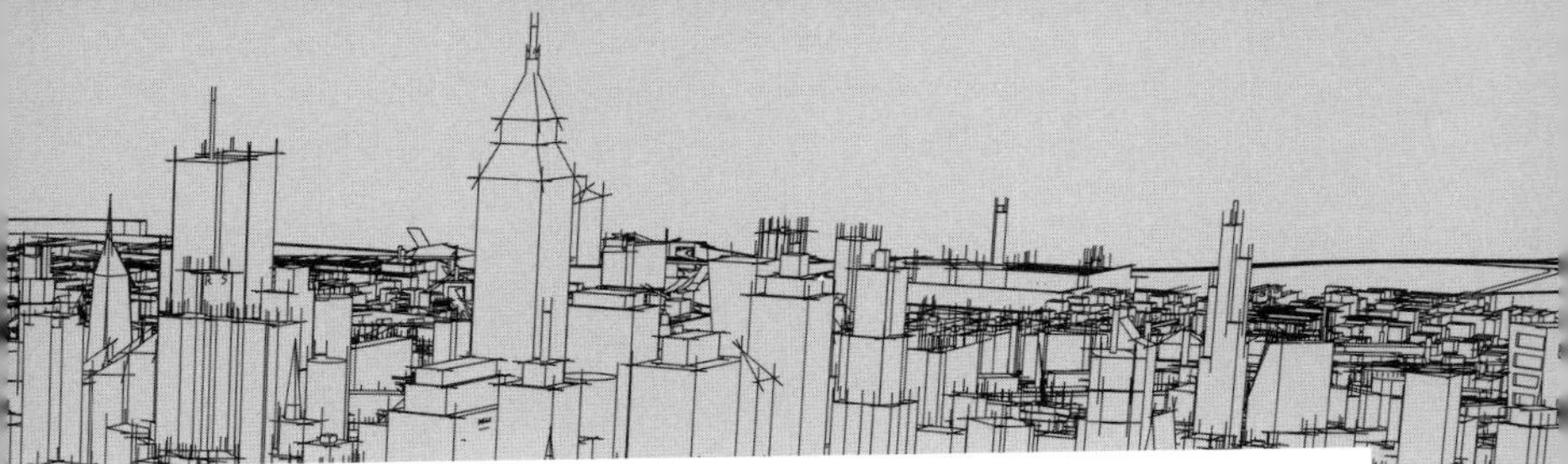

本書のコンセプト

現代社会を生きる私たちにとって、お金は必要不可欠な道具です。

ところが、その取扱説明書《とりあつかいせつめいしょ》は存在しません。お金について学ぶ機会もないまま生きてきた人がほとんどです。お金はきわめて便利な道具なのですが、時としてさまざまな問題を生み出します。

この物語の主人公のように、お金を道具として使いこなせず、鎖《くさり》のように縛《しば》られて、人生の選択がお金中心になってしまうこともしばしばあります。

プロローグで、ボスは3つのお金の謎《なぞ》を示しました。

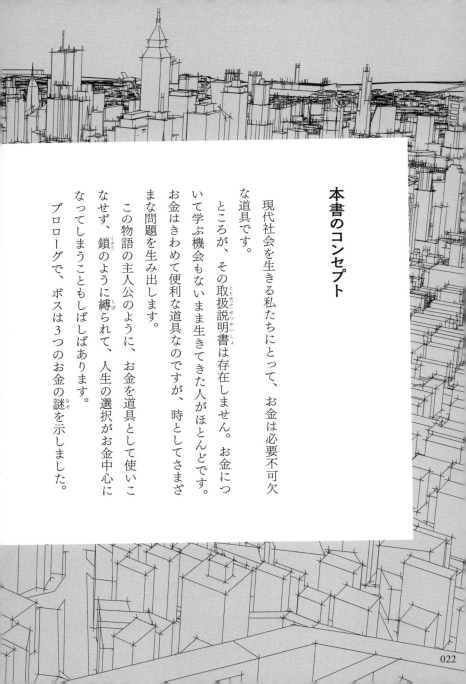

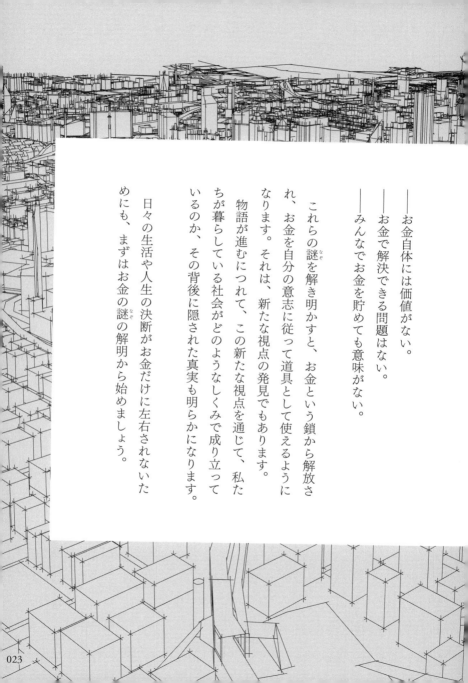

——お金自体には価値がない。
——お金で解決できる問題はない。
——みんなでお金を貯めても意味がない。

これらの謎《なぞ》を解き明かすと、お金という鎖から解放され、お金を自分の意志に従って道具として使えるようになります。それは、新たな視点の発見でもあります。

物語が進むにつれて、この新たな視点を通じて、私たちが暮らしている社会がどのようなしくみで成り立っているのか、その背後に隠された真実も明らかになります。

日々の生活や人生の決断がお金だけに左右されないためにも、まずはお金の謎《なぞ》の解明から始めましょう。

第1章

お金の謎《なぞ》1
「お金自体には価値がない」

佐久間優斗は浮《う》かない顔で、日の暮れた商店街を歩いていた。街灯とネオンを反射して、濡れたアスファルトが光沢《こうたく》を放っている。いたるところにできた大きな水たまりは、さっきまでの激しい雨の証《あかし》であり、雨宿りをした洋館での出来事が現実であることを示していた。

ボスと呼ばれる男が、お金の3つの謎《なぞ》を教えてくれるという。さらには、あの洋館までくれるかもしれない。だけど、「お金には価値がない」という1つ目の謎《なぞ》の答えにすら、まだたどり着けていなかった。

優斗が立ち止まったのは、暖簾《のれん》のかかった店の前だった。

「トンカツさくま」と書かれた紺《こん》の暖簾《のれん》は日焼けしていて、下にいくほど茶色く変色している。30年前の区画整理で、店を建て直したときにあつらえたものだと聞いたことがある。味のある暖簾《のれん》だとよく言われるのだが、優斗にとっては貧乏《びんぼう》くさいと言われているのに等しかった。

横開きの扉をガラガラと開けると、年季の入ったテーブルに座る数人の客の姿が見えた。彼らの目はテレビに向けられている。6時のニュースがちょうど始まったところで、世界的インフレで食品や電気代が値上がりしているとキャスターが読み上げていた。

壁にかけられたその薄型《うすがた》テレビはひときわ大きく、味のある店の雰囲気からは明らかに浮いている。

今さらながら、優斗は不思議に思った。たしか、このテレビはお寺か神社からの寄贈品《きぞうひん》だったはずだ。よく考えてみると、寺や神社から寄贈してもらうなんて逆ではないか、と。

「どこ、寄り道していたのよ」

厨房《ちゅうぼう》から母が顔を出してきた。客がいる手前、声のトーンを抑《おさ》えていたが、明らかに不機嫌《ふきげん》そうだ。錬金術師の屋敷でお金の話を聞いていた、と正直に話しても信じてもらえないだろう。

「図書館で勉強していたんだってば」とくぐもった声で答えて、すぐに目をそらす。

「どこの図書館よ」と追及《ついきゅう》されたが、

「ビール、もう1本ちょうだーい」という客の注文に助けられた。

母がビール瓶《びん》のフタを開けているすきに、厨房《ちゅうぼう》の横の階段を駆《か》け上《あ》がり、住居のある2階へと逃《に》げ込《こ》んだ。

自分の部屋に入ると、疲《つか》れがどっと出てきた。カバンを放り出して、2段ベッドの下の段に腰《こし》を下ろす。明かりはつけなかったが、商店街を照らす街灯の光で、部屋の中はうす明るい。畳《たたみ》の縁《ふち》がところどころ破けているのが見えた。

洋館の中の豪勢《ごうせい》なボスの部屋と、トンカツ屋の2階の自分の部屋ではこうも違《ちが》うのかとため息が出る。

優斗はベッドに横たわると、仰向《あおむ》けになって右手を見つめた。さっきの感触《かんしょく》がよみがえる。ついに2時間前、初めて札束を触ったときのことを優斗は思い返した。

燃やされるお金

あの洋館の一室で、窓を打ちつける激しい雨の音を聞きながら、優斗はボスと向き合っていた。彼は、とっておきの秘密でも明かすように、得意げな表情でこう言った。

「お金に価値がないことは、簡単に証明できるで。毎年、大量のお金が燃やされとるんや」

「いやいや、そんなはずないですよ」

優斗が愛想笑《あいそわら》いをしたのは、彼がふざけていると思ったからだ。

「疑うんやったら、これを見たらええわ」

ボスは積み上げた山から1つの札束を手に取り、トランプのカードを配るように手首を素早《すばや》く返した。

札束がテーブルの上をすべってくる。優斗は言葉にならない声を上げて、すべり落ちそうになる札束をあわてて受け止めた。初めて触る札束にふたたび心拍数が上がる。そして、緊張とともに別の感情も湧《わ》き上がった。

「お金も、トランプと同じなんですね」

お金を雑に扱うボスの態度に、最大限の嫌味《いやみ》を込めたつもりだったが、彼はまったく意に介《かい》していなかった。

「どっちもただの紙切れやからな。せやから、紙幣《しへい》が古くなると燃やして捨てられるんや。その証拠に、古い紙幣なんて存在せえへん」

ボスにうながされて、優斗は手元の札束をパラパラとめくってみる。たしかに、古い紙幣は1枚も見つからない。

「まあ……そうですね」

その事実をしぶしぶ認めた優斗は、ガラス細工でも扱うように札束をそっとテーブルの上に置いた。

ボスはニヤッと笑ってから、話し始めた。

「使っているうちに紙幣は汚《よご》れたりやぶれたりする。5年も使うとボロボロになるから、古いのを捨てて新しい紙幣を使うんや。ほんまに紙幣自体に価値があるなら、古い紙幣を捨てる理由なんてあらへん」

もし優斗だけが聞いていたなら、その説明で納得していただろう。しかし、他にも1人、話を聞いている人物がいた。

左隣《ひだりどなり》に座る七海だ。

投資銀行で働くという彼女は言葉少なだった。異質な空気に圧倒《あっとう》されている優斗とは違い、ボスに挑《いど》むような顔つきで話を聞いていた。

その彼女が、飲んでいたティーカップを置いた。

「お言葉ですが、それはインフレにならないためですよね」

「ほほう。そう来たか」

ボスは上機嫌《じょうきげん》で返したが、優斗には意味がわからない。

「インフレって、値上げのことでしょ。それって、関係あるんですか？」

その疑問に答えてくれたのは、七海だった。愛想《あいそ》というものがないのか、彼女は厳しい顔を崩《くず》さない。しかし、話自体はわかりやすかった。

「みんながお金を持ちすぎると、もっと物を買うようになるから、値段が上がるわよね。たとえば、このクッキーが1枚100円から、200円に値上がりしたとするじゃない？」

そう言うと、彼女は皿の上のクッキーを手に取った。紅茶といっしょに出されたそのクッキーは、香《こう》ばしいバターの匂《にお》いがしている。

「同じ千円札で、買えるクッキーの枚数は10枚から5枚に減るわけよね。つまり、お金の値打ちが下がっちゃうのよ。お金が増えすぎると値打ちが下がるから、新しく印刷した分だけ、捨てないといけないの」

優斗の脳裏《のうり》に、昔読んだ教科書の1コマが浮かんだ。トラクターがレタスをつぶしている写真。豊作すぎるとレタスの値打ちが下がるから、レタスを廃棄《はいき》しているという説明が書かれていた。それと同じで、値打ちが下がらないように、お金を捨てているということだろうか。

納得しそうになったが、ボスの次の話を聞いて、逆に謎《なぞ》が深まった。

「インフレにならないために、紙幣を捨てていると思う人は多い。せやけど、さっき七海さんの言うとったように、将来に備えてみんながお金を貯めたら、お金が増えてインフレで困ることになる。それは矛盾《むじゅん》してへんかな」

ボスの皮肉っぽい笑いが七海に向けられる。

むすっとした彼女は、グレーのジャケットを脱《ぬ》いでイスの背もたれにかけた。そして、白いシャツの袖《そで》をまくり上げる。

「なかなか興味深い指摘《してき》ですね。じっくり議論したいです」

ボスは、満足そうに一度うなずいてから、ふたたび話し始めた。

「1人ひとりの視点では、僕らはお金に価値を感じている。せやけど、全体のお金が増えすぎるのは良くなさそうや。僕が言うてるのはそこや。社会全体の視点に立てば、お金の見え方が変わる」

もったいぶった表現に優斗はじれったくなる。

「どう変わるっていうんですか？」

「お金の価値が消えるんや。この札束がただの紙切れに見えてくる」

札束の山にポンと手を置いたボスは、ふたたびニヤッと笑った。

窓をたたく雨音が不規則なリズムを刻んでいた。

捨てることのできるチケット

あのとき、ボスの部屋で見た得意げな笑顔は、優斗への挑戦状《ちょうせんじょう》に見えた。ベッドから起き上がり、勉強机のライトをつける。

「めんどくさっ」と口ではつぶやいたが、謎《なぞ》を解き明かす意欲に火がついていた。

ノートを開いて、ボスの言葉を書き留める。

「1人ひとりにとっては価値があるが、全体では価値が消える」

なぞなぞのような言葉を見つめながら、優斗はスマホに手を伸ばした。

検索《けんさく》すると、すぐにボスの話に関連する情報が見つかった。焼却《しょうきゃく》される古い紙幣は毎年30兆円ほどらしい。

マジかよ、と優斗は思う。30兆円の札束を積み上げると300キロメートルの高さにもなるそうだ。それは国際宇宙ステーションまでの距離《きょり》に匹敵《ひってき》する。

ボスに見せつけられた札束の山にも驚《おどろ》かされたが、それが宇宙にまで届くとは。そんな札束の柱を燃やすなんて、もったいないどころではない。頭の中で、そびえ立った札束柱が倒《たお》れてくる。空から降ってくる一万円札に人々が群がる様子を想像した。

燃やしているのは、紙幣を発行する日本銀行だという。

財布《さいふ》に1枚だけ入っていた千円札を取り出して、ライトの下でじっくりと眺《なが》めてみた。細かい模様がびっしりと描《えが》かれた紙には、しっかりと〝日本銀行券〟と書かれている。

〝券〟というとチケットのことだ。

不思議な感じがした。クーポン券や、映画のチケットと同じだろうか。いちばんなじみのあるチケットは、トンカツさくまの千円分の食事券だ。スタンプを10個ためたお客さんだけに渡《わた》している。

そういえば、こんなことがあった。店の手伝いをしていた優斗が、客から受け取った食事券を破り捨てたときのことだ。たまたま、遊びに来た友人が驚いた顔をしたのだ。

「もったいねーな。捨てるんだったら、俺《おれ》にくれよ」

友人には、千円札を破り捨てているように見えたのだ。クーポン券にしても映画のチケットにしても、利用する側には価値がある。しかし、発行する側にとっては何の価値もない。それと同じ感覚で一万円札を燃やすというのだろうか。

ノートに書いた言葉を、ふたたび読んでみる。

「1人ひとりにとっては価値があるが、全体では価値が消える」

「全体では」の意味はまだつかめていない。来週またボスのところに行くときまでに、それを突《つ》き止《と》めたいと優斗は思った。

金《きん》と欲望の歴史

毎週日曜の昼になると、優斗はトンカツ屋に生まれてよかったと実感する。大好物のカツ丼《どん》を作ってもらえるからだ。「よく飽《あ》きないよな」と兄はいつもあきれている。

この日も例外ではなく、卵がとろりとかかったカツ丼をかき込んだ。エネルギーを補充《ほじゅう》し終えた優斗は、自転車に飛び乗り、市立図書館の本館までペダルをこいだ。もちろんボスの言葉の意味を考えるためだ。

本館にまでやって来るのは小学生以来だった。古い紙とインクの香《かお》りが漂《ただよ》う館内を歩きながら、お金に関連する本を探した。

多くの本を手に取るうちに、金《きん》について書かれた本に目がとまった。

金《きん》の歴史は人間の欲望の歴史そのもののようだ。金《きん》は貴金属として扱われるだけでなく、昔はお金のかわりとして使われることも多かった。きらびやかな価値は国境を越《こ》え、他国との交易にも重宝《ちょうほう》する。

大航海時代にポルトガルやスペインが探検航海を始めた目的の1つは金《きん》の獲得《かくとく》だ。金《きん》への欲望を募《つの》らせた彼らは世界中で金鉱を探したとされる。

そこには、500年前の悲劇も記されていた。当時、栄華《えいが》を誇《ほこ》ったアステカ帝国《ていこく》の都には道路や水道が整備されていた。食文化も発達していて、チョコレートドリンクなども飲んでいたそうだ。

ところが、スペインによってその生活は街ごと破壊《はかい》されてしまう。スペインはアステカの蓄《たくわ》えた金《きん》を狙《ねら》っていたのだ。金《きん》を強奪《ごうだつ》されただけでなく、住民は奴隷のように働かされ、当時一千万人以上が暮らしていたこの国の人口は、わずか半世紀で百万人程度にまで減った。

1つの国を滅《ほろ》ぼしてまで欲《ほ》しがる金《きん》とはいったい何なのだろうか。どの国でもどの時代でも、金《きん》は人々を魅了《みりょう》する存在だ。

「金《きん》に価値を感じるからこそ、紙幣にも価値を感じる」

ボスの部屋で、七海がそんな話をしていた。優斗にとっては、そのあとのボスのセリフが特に印象的だった。今日、こうして図書館に来ているのも、そのセリフが背中を押したからだった。

難しい単語に満足する人たち

雨の降りしきる窓に目をやって、ボスはこんな質問を投げかけてきた。

「どうして僕らは、紙幣という紙切れに価値を感じて、それを使っているんやと思う？」

その質問に対して、七海は茶色い髪をかきあげて自信ありげに答えた。

「それは簡単に説明できますよ。昔は、兌換紙幣《だかんしへい》だったからです」

「ダカンシヘイ？」

聞き慣れない単語が出てきて、優斗は聞き返した。

「そうよ。昔の紙幣は、兌換《だかん》紙幣といって、銀行に行けば、決まった量の金《きん》と交換《こうかん》してもらえたの。それなら、紙幣の価値を感じることができるわよね。そのかわり、銀行は紙幣の発行量と同じ価値の金《きん》を持っていないといけなかったのよ」

彼女の説明は丁寧《ていねい》で理路整然としている。目つきは相変わらず鋭《するど》い。

「そして、みんなが紙幣を信じるようになってから、兌換《だかん》紙幣が不換紙幣《ふかんしへい》に変わったのよ」

「今度はフカンシヘイ……ですか？」

「金《きん》とは交換できなくしたの。そうすることで、金《きん》の保有量に縛《しば》られずに、もっと自由に紙幣を発行できるようになったの。そのかわり、紙幣の価値は、日本銀行や日本政府が保証しているのよ」

「ダカンシヘイとフカンシヘイって言うんですね」

優斗はその2つの言葉をスマホに入力する。漢字を調べて満足していると、ボスが奇妙《きみょう》なことをたずねてきた。

「宇宙はどうやってできたか、優斗くんは知ってるやろか？」

突然《とつぜん》、話が変わったことに戸惑《とまど》ったが、答えは自然と口からすべり出た。

「知っていますよ。ビッグバンですよね」

「ほな、ビッグバンってのは、何や？」

「えっ……、ビッグバン……何かの大爆発《だいばくはつ》でしたっけ？」

優斗は答えにつまった。聞かれるまで、考えたことすらない。何もわかっていなかったことに気づき、恥《は》ずかしさから顔をゆがめた。

「僕が言いたいのはそれなんや。難しい単語を覚えただけで理解した気になると、そこで学びが終わってしまう。そういう人たちが、世の中にはぎょうさんおるわ」

ボスの意見に、険しい顔をした七海が同意する。

「私も実感しています。そういうお客さんに舐《な》められないように、あえて難しい言葉を使うことがあります」

「舐《な》められないように、ですか？」

そこに込められた、ただならぬ感情が、優斗にも伝わってきた。

「そうよ。私みたいな若い女性って、日本のお客さんには軽く見られちゃうのよね。だから、株価上昇《じょうしょう》の理由とか聞かれたら、『グローバルな過剰流動性相場《かじょうりゅうどうせいそうば》』とか、わざと難しい言い回しで答えるの」

「僕には全然わかんないですけど」

優斗は頭をかいた。

「それでいいのよ。難しい単語を覚えただけで、多くの大人は満足するのよ。今の説明って、『世界でお金があまっているからです』と言っているだけなのにね」

七海は小さくはにかんで笑った。それは、彼女が初めてのぞかせた笑顔だった。

初めて訪《おとず》れるこの場所で、彼女は軽く見られないように警戒《けいかい》していたのだろうと、優斗は思った。彼女は鋭い顔つきに戻《もど》ったが、ただ頬《ほお》をこわばらせているだけにも見えてきた。

その様子を笑顔で見守っていたボスが、話をまとめた。

「彼らは、難しい単語が知恵《ちえ》の実とでも思っているんやろな。過剰流動性という言葉を覚えれば理解した気になる。せやけど、知恵の実を食べて賢《かしこ》くなるわけやない。知恵は育てるもんや。重要なのは、自分で調べて、自分の言葉で深く考えることやで」

水を一万円で売る方法

あのときのボスの教えが、いまだに優斗の耳に残っていた。

「自分で調べて、自分の言葉で深く考える」

今日、図書館に足を運んだのは、その教えを実践《じっせん》するためだった。

金《きん》と交換できなくても価値を感じられる紙幣は画期的な発明だと思う。アステカの時代に紙幣を使っていたら、彼らは侵略《しんりゃく》から逃《のが》れられたかもしれない。

500年前の世界に思いを巡《めぐ》らせていると、閉館を告げるチャイムが鳴った。優斗は読み終えた本を返却棚《へんきゃくだな》へ戻《もど》し、図書館をあとにした。

ふたたび自転車に乗った優斗は、ボスからの問いを思い返していた。七海とボスとの会話には、まだ続きがあった。

雨音の落ち着いてきたボスの部屋で、彼はまず七海をほめ、次いで否定した。

「投資銀行で働くだけあって、七海さんはようわかっとるわ。たしかに、政府や日本銀行が紙幣という紙切れの価値を保証しているかもしれん。せやけど、僕の質問は、どうして使っているかということや」

「価値を感じれば、使うんじゃないですか？」

七海の不服そうな茶色い瞳《ひとみ》がボスに向けられた。

「ほんまにそうやろか。たとえば、そのクッキー。発酵《はっこう》バターで作った人気のクッキーや。せやけど、君はまだ一口も食べてへん」

彼女の前に置かれた5枚のクッキーは手つかずのままだった。食べないなら自分が食べたいと優斗は本音で思っていた。

「これ、めちゃくちゃおいしいですよ。食べないともったいないですよ」

すると、七海はおなかをおさえながら言った。

「私、お昼ご飯を食べすぎたのよね」

「そういうことやで」とボスが指摘する。

「価値を感じていても、使うかどうかは本人次第《しだい》や。おいしくても食べないこともある。クッキーを食べさせることとクッキーの味は別問題や。その証拠に、まずいクッキーでも食べさせる方法が存在するんや」

その方法がわかれば、僕たちが紙幣を使う理由もわかるらしい。そして、紙幣の価値が全体では消えるという謎《なぞ》の答えも。その解答は次回に持《も》ち越《こ》された。

はたして、そんな方法が本当に存在するのだろうか。

図書館からの帰り道、自転車のペダルをこぎながらずっと考えていた。結局、答えの手がかりすら見つからないまま、自宅のトンカツ屋に着いてしまった。

2階に上がると、兄が畳《たたみ》に寝《ね》そべってマンガを読んでいた。優斗は2段ベッドの下の段に腰を下ろす。

「こんな時間に珍《めずら》しいじゃん。塾《じゅく》、休みなの？」

大学受験を控《ひか》えた兄はいつも遅《おそ》くまで塾で勉強をしている。食事のとき以外、ゆっくり話す機会はほとんどない。

兄は畳《たたみ》の上にマンガを置くと、大の字になって思いきり手足を伸ばした。

「休憩《きゅうけい》だよ、休憩。朝からずっと模試受けていたから、すげー消耗《しょうもう》してんだよ」

優斗は子犬のように無邪気《むじゃき》な目を兄に向けた。

「ねえ、ちょっと聞いていい。まずいクッキーを相手に食べさせる方法ってあると思う？」

首のうしろに手を組んだ兄は、「なんだそれ」と言うと、そのまま腹筋をしながら、器用に話し続けた。

「似たような問題なら聞いたことあるなあ。ペットボトルの水を1万円で売るにはどうしたらいいかって問題」

「そんなことできるの？」

話しながらは、さすがに疲れたのか、兄は腹筋をやめて上半身を起こした。

「いろんな方法があるけど、いちばん簡単なのは、部屋に閉《と》じ込《こ》めて暖房《だんぼう》をガンガンかけるって答えだよ。そうすれば、水が欲しくなるだろ」

「じゃあ、僕の問題も、おなかがすくまで閉じ込めればいいってことか」

優斗も同じノリでふざけて答えると、兄が人差し指で優斗の顔をズバッと差した。

「それだよ！　絶対それが答えだって！」

まさか、そんなことはないだろう。優斗は苦笑《くしょう》するしかなかった。それでも、久しぶりに兄と他愛《たあい》ない会話ができたことがうれしかった。

税金に隠された秘密

あの大雨の日からちょうど1週間後、優斗は七海といっしょにボスの部屋を訪れた。足取りは重かった。謎《なぞ》を解明してボスの鼻を明かしたかったのだが、結局まともな答えを見つけることができなかったのだ。

部屋に入ると、「よう来てくれた」と笑顔のボスが出迎《でむか》えてくれた。楕円《だえん》のテーブルには、すでに3人分の紅茶とパウンドケーキが並べられている。

ボスが棚《たな》から取り出したボトルを傾《かたむ》けて、自分のティーカップに茶色い液体をほんの少し注ぐ。甘《あま》く焦《こ》げたような匂いが優斗の鼻をくすぐった。

「この前も入れていましたけど、その茶色いのって何なんですか？」

「これはブランデーという洋酒や。紅茶には、これがごっつい合うんや」

ボスはティーカップを鼻に近づけて、ゆっくりと香りを吸《す》い込《こ》んだ。

「さて、この前の続きといこか。どうしたら、クッキーを七海さんに食べさせられるかという話やった。なんか思いついたやろか」

ボスがいたずらっぽい目で優斗を見つめている。

「これって、答えあるんですか？　無茶苦茶《むちゃくちゃ》な方法しか思いつかなくて……」

「ほお。無茶苦茶な方法か。それはぜひ聞きたいな」

「きっと、間違っていると思うんですけど、」

恥《はじ》をかかないように前置きをしたあとで、優斗は自分の思う答えを口にした。

「七海さんをここに閉じ込めて、おなかをすかせれば食べるかなって思って……」

「ちょっと、ひどくない？」

七海の冷たい視線を、優斗が笑ってかわしていると、ボスが悔《くや》しそうな声を出した。

「あてられてしもうたな」

彼はポケットから取り出した鍵《かぎ》を2人に突《つ》き出《だ》した。そして、「ガチャッ」と言って手首をひねる。

「これで部屋に閉じ込めて、半日も待てばええわ。まずいクッキーでも食べるやろ」

優斗は、口を半開きにしたまま固まった。まさか自分が出した答えが正解だなんて思ってもみなかった。

一方の七海は、「それはそうですけど……」と憮然《ぶぜん》としている。

ボスが笑いながら話を続けた。

「まあ、そんな顔せんでいい。あくまでたとえ話や。僕らが紙幣を使うようになったのも、おなかをすかせたからなんや」

「おなかがすくって、どういうことですか？」

優斗の問いかけに、ボスが身を乗り出す。

「おかしいと思わへんか」

そう言うと、彼は真相を語り始めた。

「江戸《えど》時代、ずっと銅銭や小判を使ってきたのに、明治になって急に一円札やら十円札やらが流通したんやで。円の紙幣が国立銀行によって初めて発行されたのは1873年。この年に何があったか知っているやろか？」

「1873年は、徴兵令《ちょうへいれい》と地租《ちそ》改正でしょ」

ちょうど期末テストの勉強をしていた優斗には朝飯前だった。

「すごいね。よく覚えているわね」

七海にほめられて、優斗も悪い気はしない。

「歴史は得意なんです。といっても、年号だけなんですけどね」

ボスもうれしそうにうなずいた。

「よう知っとるな。その地租改正で、税は米やなくて、紙幣で納めることになったんや。そのためには、もちろん紙幣が必要やろ。みんなが紙幣に対して、おなかをすかした。それでいっきに普及《ふきゅう》したんや」

「たったそれだけのことで？」

優斗には、にわかに信じられなかった。

「学校とは違うんや。『あかん、宿題忘れてもうた』ではすまされへん。税金を払《はら》わんかったら、警察につかまって土地を没収《ぼっしゅう》されるんやで。必死になって紙幣を手に入れるしかないねん」

「ですけど、税金が理由で紙幣を欲しがるのなら、紙幣が金と交換できる必要はありませんよね」

七海の冷静な眼差《まなざ》しがボスに向けられる。

「金と交換できたのは、補助輪みたいなもんやな。いきなり紙幣を使えと言われても混乱するやろ。実際に新制度についていけずに土地を失った農家も多い。はじめは、金と交換できるという安心の補助輪が必要やねん。本体の車輪は税金を集めることなんや」

ボスの説明に、「なるほど」と七海が小さくうなずいた。

「仮想通貨が普及しないのも、きっとそれが理由ですね。多くの人が価値を信じていても、おなかをすかせていないから、普及しないんですね。ようやく話がつながりました」

「そやな。もしもこれから、仮想通貨でないと税金を納められないとなったら、みんなこぞって仮想通貨を欲しがるやろな」

ボスの話を聞くうちに、優斗にもお金の正体が少しずつ見えてきた。

「今の説明はわかりましたよ。まだ、なんとなくですけど。でも、全体だと価値がないってのが、よくわかんないです」

「ほな、実際にお金を作ってみたらええわ」

クッキーでも作るかのように、ボスは軽く提案した。そして、「材料を取ってくるわ」と言うと、小走りで部屋から出ていった。

彼のいなくなった部屋には静寂《せいじゃく》が広がった。

即席《そくせき》でできる家庭用紙幣

ボスの座っていたイスの後ろには、天井まで届く大きな棚があった。いろんな物が雑然と並んでいる。ブランデーボトルの他にも、外国の打楽器、青い地球儀《ちきゅうぎ》、帆船《はんせん》の模型、野球選手の首振り人形、ラクダの置き時計などが置かれている。

そして、その他の空間を埋《う》めるのは、大量の本だ。意外にもお金や経済の本は少なく、歴史や社会問題、教育についての本が多い。

3分ほどして戻《もど》ってきたボスは「よっこらせ」とイスに座った。

「おまたせ、おまたせ。ほな、サクマドルを発行してみよか」

「サク、サクマドル？　なんですか、それ？」

優斗は聞き返した。

「これから、佐久間家専用のお金を作るんや。サクマドロップスみたいで、おいしそうやろ」

むかし流行《はや》ったアメの名前だそうだが、優斗にはその元ネタがわからなかった。

「本当は君の家でやったほうが、臨場感が出るんやけどな。そうもいかへんから、ここが優斗くんの家やとしよか。僕がお父さんで、七海さんにお母さん役をやってもらおう」

説明されても、優斗は状況《じょうきょう》を飲《の》み込《こ》めない。

マイペースなボスは、そんなことは気にもとめずに、1組のトランプとサインペンを七海に手渡《てわた》した。

「トランプの数字の面に、〃1サクマドル〃と書いてくれへんか。全部に書くのは大変やから、はじめの何枚かだけでええわ」

七海も困惑《こんわく》した顔をしていたが、すぐに指示された作業を始めた。彼女がペンを走らせるたびに、トランプには〃1サクマドル〃という黒い文字が書き足されていった。

一方のボスはというと、鼻歌を歌いながら万年筆で紙に何かを書いている。万年筆はボスの手にもなじんでいて、長年愛用していることが伝わってきた。古めかしい模様ではあるが、表面にほどこされた金の細工からは気品が感じられる。

ボスは、万年筆を大切そうに内ポケットにしまうと、「さて」と言って説明を始めた。

「このトランプ1組はジョーカーを入れて54枚ある。今、お母さんが54サクマドルを発行した。お母さんの役割は一万円札を発行している日本銀行みたいなもんや」

ボスはトランプを七海から受け取ると、それと引《ひ》き換《か》えに、自分が書いた紙を渡した。そこには3行だけ書かれていた。

借用書
54サクマドル借ります。1年後に利息をつけて返します。
佐久間父

「お父さんである僕は、政府みたいなもんや。今、渡したのはその借用書。実際に、日本銀行は、日本国債と呼ばれる政府の借用書を大量に持っている。日本と同じ状況を再現しているんや。何も難しく考えることはあらへん。お母さんが発行したサクマドルをお父さんが借りているだけや。これで準備完了《かんりょう》や」

「で、僕は何をしたらいいんですか？」

「優斗くん以外にもたくさんの子どもたちがいて、みんなで小さな社会を作っていると考えようか。ある日、優斗くんは家の手伝いをしたんや。そしたら、お父さんが『ありがとう』と言って、5サクマドルを渡してきた」

ボスはトランプの束からカードを5枚取って、素早く手首を返した。あのときの札束のように、カードがテーブルの上をすべって優斗の手元に届く。

「さあ、どないや。そのサクマドルにどれくらいの価値を感じるやろか」

ボスにうながされて、優斗は5枚のカードを広げてみる。丸みを帯びた字で〝1サクマドル〟と書かれているだけだ。それが価値を持つという感覚はまったく湧《わ》かない。

「どないもこないもないですよ。何も感じませんよ」

「ほな、もう1つ質問や。佐久間家は54サクマドルというお金を発行したけど、家族の生活は豊かになったやろか？」

「同じですよ。こんなカードで豊かになるわけないでしょ」

意味のない質問が続いて、優斗は少しイラついた。

トランプと札束が同じに見える瞬間《しゅんかん》

「今のはただの確認《かくにん》や。あせらんでも、価値を感じるのはこれからやで。さて税金を導入しよか。優斗くんが生活するために絶対に必要なものって何やろか？」

ボスの質問の目的は不明だったが、優斗は思いつくままにあげてみた。

「ご飯とか、スマホとか、電子マネーとか、ですかね」

「今どきの子やな。よし、税はスマホにしようか。お父さんである僕は、子どもたち全員に宣言するんや。『今日から、毎日5サクマドルを支払《しはら》わなければ、スマホは使わせない』とな。お父さんは本気やで。守らんかったら、スマホは没収や。この宣言を聞いても、手元にあるそのトランプはただのカードのままやろか。その状況を真剣《しんけん》に想像してみてほしいんや」

優斗は目を閉じて考えた。父に言われている様子を真剣に想像してみる。スマホが使えないなんて考えられない。父の命令は絶対だから、サクマドルを支払うしかない。

突如《とつじょ》として、頭の中で何かが光った気がした。

「あ……そうか！　その宣言を聞いたら、このカードに価値を感じます。これがないとスマホが使えないから困っちゃいます」

これまでのボスの説明が、優斗の実感として体の中に入ってきた。サクマドルを払わなければスマホが没収されるし、一円札でも十円札でもお金を払わなければ土地が没収される。今、僕たちの使っている一万円札もまた同じだ。サクマドルと百万円の札束、すべてがつながった気がした。隣に座る七海も納得した顔でうなずいていた。

「優斗くんは前回、僕に言うとったやろ。『札束もトランプも変わらないんですね』ってな。今、僕と同じ気持ちになったんちゃうか」

ボスは皮肉っぽい笑《え》みを浮かべて、片目をつぶってみせた。

「うわっ、そうかあ」

優斗はうなった。ボスの小さな手のひらで踊《おど》らされていたことに気づいた。

「これで、優斗くん個人としては、価値が生まれたわけやな。ほな、家族全体としてはどうやろか？　54サクマドルが増えたわけやけど、生活は豊かになったやろか」

「家族全体では、別に何も変わってないですよ」

優斗は答えてから、その質問の意味がようやくわかった。前回、ボスが言っていたことだ。お金は1人ひとりには価値があっても、全体では価値がない。それを、彼はトランプのお金で示したのだ。

「税金の導入で、子どもにとっての価値は生まれた。せやけど、紙幣自体が何かを生み出すわけやないんや」

「でも、ちょっと待ってくださいよ。このままだと、僕、困っちゃいます」

優斗は重大なことに気づいた。

お金が広げる社会

「ここに5枚あるから、1日はスマホを使えますよ。だけど、そのあとはどうしたらいいんですか？」

優斗の不安に、ボスがトランプの束を掲《かか》げて答える。

「税金を導入したら、次は給料の登場や。お父さんがふたたび子どもたちに宣言するんや。『これからは、家事はすべて自分たちでやってもらう。そのかわり、給料を出す』ってな」

給料が支払われる仕事を提供すれば、あとは自然とお金が循環《じゅんかん》するとボスは説明してくれた。リビングの清掃《せいそう》には10サクマドル、夕食の支度《したく》には15サクマドル。このように仕事を与《あた》えて給料を支払う。これは、政府が公務員に給料を払っているのと同じことらしい。

しかし、政府の仕事をしなくても、他の仕事を選ぶこともできるとボスは言う。

「たとえば、優斗くんのお兄さんが夕食の支度《したく》をして、政府から15サクマドルをもらっているとしよか。優斗くんは、お兄さんにマッサージをして5サクマドル稼《かせ》いでもいいわけや」

サクマドルを使った経済は、政府の作る仕事だけでなく、マッサージのような民間の仕事の支払いにも自然と広がっていく。

「お金自体に価値があるわけやない。税を導入することで、個人目線での価値が生まれて、お金が回り始めるんや」

ボスの話には説得力があった。ただの紙切れで人を働かせるなんてすごいとは思う。しかし、優斗は半ばあきれていた。

「そこまでして、政府ってのは、僕たちを働かせたいんですね」

「ちゃうで、ちゃうで。政府は王様やない。優斗くんたち兄弟が家事をするのは、王様のためやなく、自分たちの生活のためなんや。これまでは、家事をすることも他の兄弟のために働くこともなかったやろ。ところが、みんながお互《たが》いのために働く社会に変わったんや」

「それって、本物の社会でも同じなんですか？」

半信半疑の優斗に、ボスは質問で返した。

「優斗くんのご両親はどんな商売をしているんや？」

「うちはトンカツ屋をやっています」

「トンカツ屋とは、すばらしいやないか。そしたら、優斗くんもおいしいトンカツをよく食べているわけやな」

「トンカツはそんなに多くないですけど、わりと揚《あ》げ物《もの》は多いです」

昨日食べたアジフライを思い浮かべて答えると、ボスは不思議なことを口にした。

「ほな、カレーを食べたくなったときに、知らないおじさんの家に突然押《お》し入《い》って食べたことはあるやろか？」

「なんですか、それ。カレー強盗《ごうとう》？」

優斗は笑うしかなかった。知らない人の家に突然行くなんてありえない。逆に、カレーを出されても怖《こわ》くて食べられない。

すると、ボスは「不思議やな」と白々しい顔をした。

「優斗くんの家では、突然やってきた知らないおじさんに、トンカツを食べさせてあげるんやろ？」

そこまで言われて、ようやくわかった。

「あ……お客さんのことか」

「そういうことや。ご両親が知らないおじさんにトンカツを作るのも、七海さんが取引先のために自分の時間を使うのも、お金という道具が存在するからやで。円という同じお金を使っているから、日本の中で支え合って生きていけるんや」

ぼんやりとイメージが湧《わ》いてきた。円を使う人が世界の中では日本にしかいないこと。そして、そこには1億人以上の人が暮らしているということ。

「逆に、外国のお金を見せられても、それが円と交換できないんやったら、働こうとは思わんやろ」

ボスの話を聞くうちに、円に価値があると刷《す》り込《こ》まれていることに気づいて、妙な気分になった。しかし、日本にいるみんなが円を欲しがるから、僕らはこのお金を使って日本で生きていけるとも言える。

ふと、1つのアイディアが優斗の頭に浮かんだ。

「だったら、世界で同じお金を使ったらいいじゃん。そしたらみんなで助け合えるし」

その提案に、ボスは目を見開いて驚いた顔をした。

「なかなか鋭いつっこみやな。せやけど、問題もある。お金は税金を集めることにも関係あるから、違う国で同じお金を使うのは難しい。でも、それをがんばっているのがヨーロッパや。七海さんは外貨も扱うんやろ？」

不意に話を振られた七海が、あわてることなく話し始めた。

「ユーロのことをおっしゃりたいんですね。私の会社で取引をする外貨で、ドルの次に多いのはユーロです。昔のヨーロッパではフランスはフラン、ドイツはマルク、イタリアはリラというように、それぞれの国が別々の通貨を使っていました。しかし、ユーロという1つの通貨にまとめることで経済を発展させたんですよね」

仕事の話をさらっと説明する七海の横顔が、優斗の目にはかっこよく映った。ボスもまた、彼女の話をうれしそうに聞いている。

「七海さんの言うとおりや。貿易をするには、同じお金を使ったほうが便利や。ヨーロッパの国々には、この国は服を作るのが得意で、あの国は車を作るのが得意、というように特徴《とくちょう》がある。そこで、みんなでユーロを使うようにして、より多くの人たちで支え合える経済圏《けいざいけん》を作ったんや」

優斗の中で、お金に対する考え方が変わり始めていた。

これまで冷たいものだと思っていたお金には、みんなを結びつける力がある。その優《やさ》しさに触れた気がした。

ボスの正体

「お金自体には価値がない」という言葉の意味が、ようやく理解できた。

最初の謎《なぞ》が解けて安心した優斗は、冷え切った紅茶を飲み干すと、目の前のパウンドケーキを二口でたいらげた。

「いい食べっぷりやな。僕の分も食べたらええわ」

ボスは手をつけていない自分の皿を差し出した。そして、一口しか食べていない七海には、心配そうに声をかけた。

「今日もおなかがすいてへんのか？」

しかし、彼女はまったく別の話を始めた。

「私、人々が支え合って生きているっていうのは、きれいごとだと思っています。困ったときに、助けてくれるのはお金です。生きていくためには、やっぱり、お金に頼《たよ》るしかないんです」

七海には、何か強く思うところがあるようだ。ゆっくり話しながら、自分を鼓舞《こぶ》しているようにも見える。

1つひとつの彼女の言葉を、ボスは優しい眼差しで大切に受け止めていた。

そして、七海は最後に力を込めて言った。

「だから私は、お金を稼《かせ》ぎたいと思っているんです」

彼女の言葉は、今日のボスの話を完全に否定するものだった。少なくとも優斗にはそう聞こえた。しかし、ボスは反論することなく、穏《おだ》やかに言った。

「七海さんがそう感じるのも、もっともなことやで。それは次回、ゆっくり話そか」

「はい。また来週あたりにでも、研究所にうかがわせてください」

七海の言葉を聞いて、優斗は意外な事実を知った。

「えっ？　ここって研究所なんですか？」

両手の指を組んだボスが、目をクリっとさせて答える。

「ここは『お金の向こう研究所』やで」

「お金の向こう研究所？」

奇妙な名前に、優斗は首をかしげる。

「そうや。僕が設立した研究所や。経済の研究をしながら、投資をしているんやで」

「ってことは、ボスは所長？」

驚いた顔をする優斗に、七海が茶色い瞳《ひとみ》を向けてきた。

「あれ？　知らないのにボスって呼んでいたの？　ボスって、英語で所長っていう意味よ」

それを聞いて、優斗の肩の力が抜《ぬ》けた。

「なんだ。先に言ってくださいよ。ボスって呼ばれているから、ちょっと怪しい組織の人かと思って心配していました」

「なんや、人聞き悪いな。今は、悪いことしてへんで。ワッハッハッハッハッハ」

部屋の中がボスの笑い声で満たされた。優斗もつられて笑顔になったが、「今は」という言葉が引っかかった。

この日、もう1つ引っかかったことがある。

優斗の親の職業を聞くときに「ご両親はどんな商売をしているんや?」という質問をしてきたことだ。サラリーマンではなく、商売をしていることを前提にしていた。

もしかすると、トンカツを食べにきたことがあるのかもしれない。しかし、それならそうと言うはずだ。このときは、隠す理由があるなんて思いもよらなかった。

第1章のまとめ

- ☑ 税金の導入によって、お金（貨《か》幣《へい》）が必要になる
- ☑ 集めた税金を政府が使うことによって、お金が循環《じゅんかん》する
- ☑ お金は、個人にとっては価値があるが、全体では価値がない
- ☑ お金によって、人々が支え合える社会が実現している

第2章

お金の謎《なぞ》2
「お金で解決できる問題はない」

優斗がスマホの目覚ましを止めたときから、その香ばしい匂いで朝食の見当はついていた。食卓《しょくたく》につくと、先に座っていた両親が、「いただきます」と声をそろえた。テーブルの真ん中には、予想どおりの焼き餃子《ぎょうざ》がドーンと盛られている。

佐久間家の朝食には、ハンバーグや天ぷらも出てくる。昼や夜はトンカツ屋の営業があるから、家族そろって食事ができるのは、朝しかないのだ。だから、寄せ鍋《よなべ》なんかは、朝食でしか食べたことがない。ドラマで夕食に寄せ鍋を囲むシーンを見ると、冬にかき氷を食べるような違和感《いわかん》を覚える。

テレビの情報番組が、今日の星座占《うらな》いを紹介していた。

母は、射手座《いてざ》のラッキーアイテムを見て、

「誰が金色の帽子《ぼうし》なんてかぶるのよ」

とつっこむと、ポン酢《ず》をつけた餃子《ぎょうざ》を白いご飯の上に乗せた。

軽《かろ》やかにしゃべる母とは真逆で、父はいつも無口だ。だけど、物静かというのとは違う。たまに出てくる言葉は鉛玉《なまりだま》のように鈍《にぶ》くて重い。

このときもそうだった。

深夜まで勉強していた受験生の兄がようやく起きてきたとき、3人の食事は終わりかけていた。味噌汁《みそしる》をすすり終わった父はお椀《わん》を置くと、静かに口を開いた。

「お前は、ちゃんと稼《かせ》げるようになれよ。いい大学に入って、いい会社に入って」

兄が「うん」とだけ答えて、餃子《ぎょうざ》を口に運ぶ。

優斗は、どきっとした。

「お前は」と言われた瞬間《しゅんかん》、自分と比べられているのかと思ったのだ。しかし、すぐに違うことに気づいた。


あれは、昨晩のことだった。

ベッドの上で、優斗は数学者が殺される推理小説を読んでいた。そのとき、1階のトンカツ屋が騒《さわ》がしくなった。気になった優斗が階段の上から様子をうかがうと、酔《よ》っ払《ぱら》った客が母に難癖《なんくせ》をつける声が聞こえてきた。料理を作り直せと怒《おこ》っている。どうやら、ビールを飲んでいる間に、トンカツが冷めたらしい。

どう考えても無茶な話だ。しかし、「お客様は神様だから」と言う母は、いつも店の評判を気にしている。

このときも「ごめんなさい。すぐに作り直しますね」と酔っ払った神様に謝《あやま》っていた。母の声は控《ひか》えめで、パチパチパチパチと父がトンカツを揚《あ》げる音が聞こえてきた。

昨晩の父は、きっと今と同じ表情をしていたのだろう。「稼《かせ》げるようになれ」という言葉に胸が締《し》めつけられそうになった。言葉を超えて、父の悔しさが伝わってきた。

席を立った父は、黙《だま》って食器を片付けた。そして、その背中は暗い階段へと消えていった。下の厨房《ちゅうぼう》で仕込《しこ》みを始めるようだ。

2階は、テレビに話しかける陽気《ようき》な母の声に包まれた。しかし、優斗の胸には、父の落とした鉛玉《なまりだま》が残っていた。

お金はえらくない

洋館のボスの部屋が紅茶の香りで満たされたのは、土曜の午前中のことだ。しばらくして、優斗の向かいの席からほんのり洋酒の香りが漂《ただよ》ってきた。

「ほな、今日は2つ目の謎《なぞ》やな。お金が解決してくれる問題はないという話や」

「それは、お金だけでは解決できない問題もあるという意味ですよね」

七海が確認するようにたずねたが、ボスは首を振った。

「いや、ちゃうで。そのままの意味や。どんな問題もお金では解決でけへん」

ためらいがちに、優斗が「でも」とつぶやくと、すぐにボスが視線を向けてきた。

「おっ、優斗くんも七海さんと同じ意見なんやな」

「だって、そうですよね……。お金がいろんなことを解決してくれるから、みんなお金を欲しがるし、お客さんが神様になるわけですよね」

優斗の言葉に、ボスは何かを嗅《か》ぎとったようだった。

「ほお。お客さんが神様か。なんや、不服でもありそうやな」

優斗はこの前のことを思い出しながら、話し始めた。

「うちのトンカツ屋に来るお客さんの中には、えらそうにする人もいます。お客さんは神様だからって、母は言うんですけど……」

「そのえらそうな客は、まさにお金が解決していると思っているわけや」

ボスに背中を押されたような気がして、優斗はためこんでいた不満をぶつけた。

「お金ってそんなにえらいんですか？　ご飯作ってあげているのは、うちの親のほうなんです。働く人に感謝するなんて子どもだって知っていますよ。それなのに、なんで店だと逆なんですか。感謝しろとは言わないけど、お金を払うだけでえらそうにするなんて意味不明ですよ！」

徐々に感情が込《こ》み上《あ》げてくる。さらに優斗は続けた。客がどれだけえらそうな態度をとるのか。どれだけ無茶な要求をしてくるのか。両親がどれだけがまんして働いてくれているのか。

ボスはさえぎることなく、うなずきながら話を聞いてくれた。話すうちに、自分たち兄弟が学校や塾に行けるのは、両親のおかげだという感謝の言葉も自然に出てきた。

優斗が最後まで話し切ったことを確認してから、ボスは口を開いた。

「僕は、お金がえらいとは思わへんで。道徳の話やなくて、感情を省いて冷静に考えた結論や。しかしやな、冷静に考えるには、まずは、優斗くんもそのお客さんと同じ考えやと気づかんとあかん」

「同じ考えだなんて、ありえないですよ」

えらそうな客と同列に扱われるなんて心外だ。優斗は首を大きく振ったが、ボスはその主張を曲げなかった。

「今、まさに君が言うとった話や。学校や塾で勉強できるのは、両親のおかげやと考える。それはえらそうな客と根本では同じで、お金が解決してくれると考えているんや。しかし、真実は違う。お金で解決できる問題は存在せえへん。それが、まさに第二の謎《なぞ》や」

ボスの主張はよくわからない。ただ、「えらそうな客と根本では同じ」と言われて、優斗はイラッとした。しかし、それに続いたボスの突拍子《とっぴょうし》もない行動が、そのいら立ちを吹《ふ》き飛《と》ばした。

ボスは、2つのものを両手に掲《かか》げた。1つは、紅茶に添《そ》えられていたドーナツ。そしてもう1つは、内ポケットから取り出した札束だった。

「この百万円と、このドーナツ、問題を解決できるのはどっちやと思う?」

優斗の視線が、百万円とドーナツの間を2往復する。

「そんなの、百万円に決まっていますよ」

とっさにそう答えたが、ボスのニヤッとした顔を見て、

「あ……。いや、ちょっと待ってください」

と言い直した。

百万円とドーナツの問題解決力

優斗は、質問の真意をつかめずにいた。百万円あれば、ドーナツなんて1万個くらい買えるはずだ。茶色のジャケットを着た七海も腕《うで》を組んで固まっていた。今日は土曜日だからなのか、スーツ姿ではない。

せっかくの休日なのに、彼女は朝7時の新幹線に乗ってきたらしい。そこまでして、来る理由はいったいなんだろう。ボスの話を聞いてもお金もうけできるとは思えないし、ボスの

財産を狙《ねら》っているようにも見えない。何か別の動機だろうか。

犯人の動機が意外なところにあるのは、推理小説ではよくある話だ。昨日見たネットドラマのミステリーでも、犯人が放火をしたのは、昔の事件を再捜査《さいそうさ》してほしかったからだった。

優斗の妄想《もうそう》がさらに膨《ふく》らみかけたとき、固まっていた七海が「あの」と言って動き出した。

「以前、こちらの部屋に軟禁《なんきん》して空腹にさせる、という話がありましたよね。もし、同じく軟禁された状態なら、ドーナツでは空腹が満たせますが、百万円では空腹を満たせません。つまり……」

「つまり?」

ボスが合いの手を入れる。

「お金で問題を解決できるのは、そのお金が使えるときだけ……ということでしょうか」

ほお、とボスの顔がほころんだ。

「お金を使うとき、受け取ってくれる人がいる。その人が働いてくれるから問題が解決するんや。当たり前のようやけど、大事なことやねん。せやから、誰も働いてくれない無人島にお金を持ってく人はおらへん」

たしかに、と優斗は思った。1人でも、2人でも、100人でも無人島に行くなら、お金はきっと持っていかない。だけど、日本にいる1億2000万人が別の島に移住するなら、お金を持っていく気がする。何が違うのかを考えていると、ボスが話を続けた。

「お金を使う、ということを深く考える必要があるんや。人の存在に気づかんとあかん」

「エッセンシャルワーカーの話でしょうか」

と七海がたずねた。

聞き慣れない言葉に優斗が困った顔をしていると、彼女は言葉を付け足した。

「医療《いりょう》従事者や運送業者、スーパーの店員のように現場で働く人がいるから、お金が使えるとおっしゃりたいんですね」

「もちろん、現場も大事や。しかし、それだけやない。払ったお金の向こう側にはたくさんの人がいる。お金だけで解決する問題なんて1つもあらへんのや」

「お金で解決できる問題もあると思うのですが……」

七海の反論に、優斗も強くうなずいた。むしろお金で解決する問題だらけじゃないか、と心の中でつぶやいていた。

お金のむこうに人がいる

「ちょっと、あっちに行こか」

ボスにしたがって、2人も部屋の反対側にあるビリヤード台へと移動した。しかし、それは優斗の見慣れた台ではなかった。

「これ、穴があいてない」

その台には、玉を落とすサイドポケットもコーナーポケットもついていなかった。

「フレンチビリヤードの台なのよ」と七海が教えてくれた。

玉を当て続ける上級者向けのゲームに使われる台なのだそうだ。

ボスは、台の上に転がる玉を集めようとしていたが、中央付近にある赤玉だけは背伸びをしても届かなかった。見かねた七海が、しなやかな腕《うで》を伸ばして素早くすくい上げる。

「おおきに」と感謝して受け取ったボスは、よじ登るように台のふちに腰をかけ、両手に抱《かか》えた赤、黄、白の3つの玉を2人に見せた。

「僕らはお金を払ってドーナツを買うやろ。ここにある3つの玉が、ドーナツの代金やとしよか。そして、ドーナツ屋で働いているのは僕や。お金を払ったから、ドーナツができるんやない。実際は、僕がそのお金を受け取ってドーナツを作っている。お金が解決しているわけやないんや」

「それはわかりますが……」

と、七海が形のいい眉《まゆ》を上げる。

「ドーナツ屋さんがドーナツを作るのには、材料の小麦粉を購入《こうにゅう》する必要があります。そこでは、お金が問題を解決しますよね」

背筋をピンと張った彼女は、指をあごにあてながら尋問《じんもん》している。昨日のミステリードラマに登場した検察官を思わせた。

「そやで。僕は小麦粉を買わなあかん。3つのうち2つを、小麦粉工場で働く七海さんに渡すんや」

ボスは赤玉だけを手元に残して、黄玉と白玉を転がす。2つの玉はモスグリーンの平面を転がり、七海の手に収まった。

「お金で小麦粉が手に入ったように見えるのは、僕の視点や。実際はそれを受け取った七海さんが小麦粉を作ってくれている」

「それはそうですが、小麦粉の材料の小麦は……」

そう言いかけたところで、七海は何かに気づいたようだ。

「なるほど、そこも視点を変えないといけないんですね」

「そのとおりや。小麦もまた、作ってくれる人が存在するんや。ほな、優斗くんが小麦を栽《さい》培《ばい》しているとしよか」

ボスにうながされた七海は、2つの玉のうち、右手に握《にぎ》った白玉を優斗の手元へと転がした。

「その白玉は小麦農家の収入や。ここには原料はあらへん。小麦自体は自然の恵《めぐ》みと小麦農家である優斗くんの労働で作られているんや」

優斗が白玉を手に取ると、ビリヤードの玉は1人が1つずつ持つ格好になった。

「それぞれの視点やと、ドーナツを買ったり材料を買ったり、お金と物が交換できたように思える。ところが、こうやって空から全体を見ると、まったく違うことに気づいたやろ。お金が次々に流れていって、ドーナツ屋、小麦粉工場、小麦農家で働く3人が受け取った。この3人が働いてドーナツはできていたんや」

優斗はつるっとした白玉を手のひらの上で転がしながら妙に感心した。ボスは反論に答えながら、3つの玉をちょうど使い切った。すべてが彼の想定どおりだった。

優斗たちのほうが、ボスの手のひらで転がされていたのだ。

パスされた解けない問題

しかし、お金だけで解決できる問題は本当にないのだろうか。ドーナツ作りの工程を想像しながら、優斗も検察官になったつもりでたずねた。

「他にも……ドーナツを焼くオーブンだって、小麦粉を運ぶトラックだって、いっぱい必要ですよ」

「もちろん、実際にはもっと多くの人が関わっているで。せやけど、同じ話やねん。オーブンもトラックも、支払ったお金の向こう側で多くの人が働いている。原料をたどると、自然の中にある資源に行き着くわけや。しかし、その資源はお金で手に入れているわけやない」

優斗も頭の中でたどってみる。トラックを作るには、鉄が必要になる。たしかに鉄の原料の鉄鉱石は自然の中に落ちている。トラックを動かす燃料は、石油からできている。石油もやはり自然の中にある資源だ。

「言われてみると、たしかに……。払ったお金は誰かが受け取っていますね」

ビリヤードの玉をどんなに転がしても台から消えることはない。使ったお金を受け取る人が必ず存在している。その事実は、大事なことを意味しているとボスは言う。

「つまり、必ず誰かが働いているってことなんや。自動販売機《はんばいき》にしても、ネット通販《つうはん》にしても、今は、労働が見えないことがほとんどやからな。せやけど、お金を払う限りは、誰かに問題解決をお願いしているんや。僕が2つの玉を転がしたときも、胸の内では『助けてくれ』って思っていたんやで」

「どういうことですか？」

優斗は、笑いをこらえながら聞き返した。ビリヤード台にちょこんと座るボスが、宙《ちゅう》に浮いた両足をバタつかせて、「助けてくれ」と口にしたのがおかしかったからだ。

「ここからが大事なポイントや」

ボスはそう言うと、ぴょんと台から降りて元のテーブルへと戻《もど》った。優斗と七海も彼に続いた。

「ドーナツ屋の僕は、ドーナツを作れても小麦粉は作られへん。そこで、玉を2つ渡して、七海さんにお願いした。七海さんが白玉を転がしたのも同じ理由や」

「私が小麦を栽培できないから、問題解決を優斗くんに依頼《いらい》したということですね」

「そのとおりや。お金を払うというのは、自分で解決できない問題を他人にパスしているだけなんや。しかし、僕らはお金を払うことで解決できた気になってしまう。せやから、えらそうにするお客さんが現れるし、勉強ができるのは、お金を払う両親のおかげやと考えるんや」

優斗は、両親のパスを受けるのが誰なのかを考えてみた。

「実際には、学校の先生だったり、教材とか文房具《ぶんぼうぐ》を作る人だったり、いろんな人たちのおかげってこと……ですか」

「そういうことや。彼らに問題をパスしているだけなんや」

パスという単語で、優斗は午後からのサッカーの試合を思い出した。ボスの肩越《かたご》しに、ちょうど時計の文字盤《もじばん》が見えた。

本棚のラクダの置き時計が11時20分を指している。遅くても12時にここを出て駅に向かえば、試合には間に合う。そう考えながら、優斗は目の前のドーナツに手を伸ばした。

お金の力は選ぶだけの力

七海はふたたび検察官のような鋭い目をボスに向けた。

「おっしゃるように、問題を解決するのは、お金ではなくて働く人たちかもしれません。ですが、権力を持つのは、お金を使う人や予算を決める人たちですよね。国でも、予算を提案する財務省の力は絶大です」

彼女は少し間を置いてから、力強く言った。

「やはり、お金こそが力だと思うんです」

お金こそ力。その言葉は優斗にもしっくりくる。「稼《かせ》げるようになれよ」と言っていた父の言葉を思い出した。

ボスはというと、目尻《めじり》を下げた優しい顔を七海に向けていた。

「僕もその話をしたいんや。そのお金の力とは何か。さっき僕は『助けてくれ』と思いながら玉を転がしたんやけど、僕のことを助けてくれる人はたくさんおる。他の小麦粉工場に頼《たの》んでもいいし、米粉《こめこ》を買ってもいい。お金に力があることは間違いない。しかし、それはただ選ぶ力でしかないんや」

「お金の力は選ぶ力、ですか」

七海は、意味を探《さぐ》るように、ボスの言葉をくり返した。

「逆に言うとな。選べないとお金は力を失うんや。教育に力を入れようと国が予算を増やしても、学校の先生がおらんかったら何もでけへん。お金がえらそうにできるのは、働いてくれる人から選べるときだけや。災害が起きて働ける人が減ると、お金の無力さに気づくやろ」

「たしかに……そうですね。大地震《おおじしん》が起きると、お店が営業していることのありがたさに気づきます。エッセンシャルワーカーという言葉を使うようになったのもコロナ禍《か》でしたね」

「選べることは、日常生活でも大事なことやで。僕らが毎日使うスマートフォンも、20年前やったら、一兆円出しても買われへん。当時は、それを作れる人がいないから、選べなかったんや」

どれだけお金があっても、働く人がいなければ世の中は回らない。ボスは熱弁をふるった。

2人の会話を聞き入っていた優斗は、ふと視線を動かした。ボスの後ろのラクダの時計が視界に入って、優斗の顔から血の気が引いた。

「あれ、あの時計……」

声のうわずる優斗に、ボスは後ろの棚を振り返って答える。

「このラクダちゃんは、僕と顔が似ていてかわいいやろ。お気に入りなんや」

「いや……そうじゃなくて。動いてないんですか」

時計は、11時20分を示したままだった。ボスと同じくとぼけた顔をしたラクダのデザインが余計に神経を逆《さか》なでる。

優斗が、あわててスマホを手に取ると、無情にも12時14分と表示された。

「このラクダちゃんは電池が切れてもうたんや。どないしたんや？」

「やばいんです！　1時までに市営グラウンドに行かないと、サッカーの試合に遅《おく》れちゃいます」

泣きそうになる優斗に、ボスは不器用に片目をつぶってみせた。

「心配せんでも大丈夫や。車で送ったるわ」

七海の事情

優斗はそわそわしながら、ボスの車を待っていた。研究所の入り口に、七海とともに立っていると、行《い》き交《か》う人々の視線を時おり感じた。

2人のあまりにも異なる装《よそお》いが、周囲の目を引いていたようだ。優斗は薄汚《うすよご》れたジャージ姿で、色あせたスポーツバッグを肩からかけている。それに対して、七海はファッション誌にそのまま載《の》せられそうな装《よそお》いだ。

彼女はしわひとつない茶色のジャケットに真っ白なパンツをはいて、手にはスカーフを巻きつけたバッグを持っている。洗練された彼女の姿を改めて見て、優斗は複雑な感情におそわれた。その洋服もバッグも、一見して高価なものだとわかったからだ。

彼女との間にある明らかな格差を優斗は痛感した。七海にしてもボスにしても、自分とは違う世界に住む人に思える。

しばらくして現れたのは、ド派手な車だった。ピンク色で桜の模様が描かれた乗用車。その奇抜《きばつ》な車体には、なぜか高校の名前が書かれていた。優斗と七海が顔を見合わせていると、助手席の窓が開いてボスが顔を出した。

「可愛《かわい》らしい車やろ。早く乗ってや」

車のデザインも高校のことも聞きたかったが、2人は急いで後部座席に乗り込んだ。派手な外観とは違って、車内はいたって普通《ふつう》だ。

「1時前には着くから大丈夫や。そのまま、七海さんを駅まで送っていくわ」

ボスはそう言うと、ハンドルを握る男性と午後のスケジュールや仕事の段取りの話を始めた。

七海が「忙しそうね」とつぶやいた。

後部座席は、かすかに柑橘《かんきつけい》系の香水《こうすい》の匂いがした。隣に座る七海との距離はいつもよりずっと近い。

「七海さんだって、仕事忙しいんですよね。こんなにしょっちゅう来ていて大丈夫なんですか？」

「これも、仕事なのよね。上司にここで勉強するように言われているの。でも、少し不思議なのよ」

そう言うと、七海は優斗にだけ聞こえるように声をひそめた。

「はじめに『お金もうけの話はいっさいしない』って言われたでしょう？　それを、そのまま上司のフィリップに伝えたんだけど、それでもいいから行けって言うのよね」

「お金もうけじゃなくても、ボスの話はお金の勉強になるからですか」

「そこもよくわからないのよね。それに、友達というわりには、フィリップのほうは、ボスのことをあんまり知らないみたいなのよ。何か隠しているのかもしれないけど」

上司が何かをたくらんでいるのだろうか。それとも、七海が何かを隠しているのだろうか。

優斗が考えているうちに、彼女はバッグからノートパソコンを取り出して仕事を始めた。


試合時間にはギリギリ間に合った。

車が市営グラウンドの敷地《しきち》に入ると、チームメイトたちの姿が見えた。車の窓を開ける優斗に、みんながいっせいに指を差して声を上げた。そんなに頼られているのかと思うと少し胸が熱くなる。

「この車は目立ちすぎるんやな」

ボスの冷静な一言で、ピンクの外観を思い出した。胸よりも顔のほうが熱くなった。

お金を過信する国の末路

「先週のサッカーの試合はどないやったんや？」

ボスが聞いてきたのは、次の週に彼の部屋を訪れたときだった。

「惜《お》しかったです。ほんの少しの差だったんですけど、負けちゃいました」

7対1という、サッカーとは思えない点差だったとは、恥ずかしくて言えない。

「少しってどれくらいなんや？」

意外にも食いついてくるボスに、優斗は違う話をしてごまかした。

「ていうか、うちのサッカー部の監督《かんとく》も、お金を払ってえらそうにする客と同じだと思うんですよね」

七海がクスッと笑い、「なによ、それ？」と返した。

「ほら、お金の力は選ぶ力って話していたじゃないですか。監督って、選手や作戦を選ぶでしょ。うちの監督は、いつも無茶な指示を出して、それができないとすぐ怒るんですよ。本人はリフティングもろくにできないくせに……。それって、えらそうにする客と同じですよね」

ボスは洋酒入りの紅茶を片手に、感心して聞いていた。

「それは、なかなかの見立てやな。お金を払う側と受け取る側の関係は、まさに監督と選手みたいなもんや。監督が息巻いても、実行するのは選手。お金がどれだけあってもあかん。それを知らずにお金の力を過信すると、国さえも破滅《はめつ》させかねへん」

そう言うと、ティーカップを置いて、ポケットから何かを取り出した。

「今日は、これを見てほしいんや」

ボスがテーブルの上に置いたのは、1枚の紙幣だった。ところが、普通の紙幣とは様子が違う。

「これって、大金じゃないですか⁉」

目を丸くして、優斗はすぐに桁《けた》を数える。

「一、十、百、千、万……百兆⁉　これ、百兆ドル札？」

「正確には百兆ジンバブエドルや」

今度は、2人の様子を遠巻きに眺《なが》めていた七海が反応する。

「ジンバブエは、2003年以降しばらくハイパーインフレが続きましたよね」

「さすがに、よう知っとるな。物価が急激に高騰《こうとう》して、紙幣が価値を失って紙くず同然になったんや。この紙幣は一円の価値もあらへん。こういったハイパーインフレは歴史的に何度も起きている。いちばん有名なのは、第一次大戦後のドイツやな」

「僕、そのときの写真、本で見ましたよ」

知っている話が出てきて、優斗はうれしくなった。この前訪れた図書館で読んだ本にも、ドイツのハイパーインフレの話が書かれていた。

「買い物に行くのに、手押《てお》し車《ぐるま》に大量のお金を積んで運んでいたんですよね。だけど欲しいものはほとんど買えなくて、苦しい生活だったって」

優斗の話にうなずきながら、ボスはその紙幣を手に取り、宣言でもするかのように声を張り上げた。

「この紙幣こそが、お金こそが力やと信じ込んだ人間の愚《おろ》かさの象徴《しょうちょう》や」

ボルテージが上がるボスに対して、七海は落ち着いた声でたずねる。

「一般的《いっぱんてき》には、ハイパーインフレは、紙幣の大量発行が原因と言われていますが、そうではないとおっしゃるんですね」

「本質はそこやない。お金への過信がこんなバカげた紙幣を生み出したんや。そこで、考えてほしい問題がある。今回のは難問やで」

難問という単語に反応した優斗は、ボスの言葉を待ち構えた。

紙幣で穴埋《あなう》めできない生産力

ボスは靴《くつ》を脱いで、イスの上であぐらをかいていた。

「ここに100人が暮らしている国があるとしよか。みんな、朝晩合わせてパンを毎日2個ずつ食べていたんや。あるとき、パンの価格が高騰《こうとう》して、国民全員が不満を訴《うった》えた。『値上がりのせいで、パンが1個しか買われへん。解決してくれ』とな。そこで政府は、パンが買えるように、お金を印刷して配ったんや。せやけど解決しなかった。それはどうしてやろか」

優斗は面食らった。「問題はそれだけ?」と言いそうになる。お金が足りないなら、配れば当然解決するはずだ。考えようにも何の手がかりもない。

静かになった部屋で、優斗は考えあぐねていた。やがて、こめかみに指をあてていた七海が、ぽつりと疑問を口にした。

「どうして、パンが高騰《こうとう》したのでしょうか。職業病なのか、価格が動いた理由が気になってしまいますね」

「なかなか鋭い指摘やな。1つヒントを出すと、パンの数に注目することや」

ボスに言われて、優斗もさっそく考えてみる。1人2個食べていたのが1個になる。みんなで200個買えていたのが100個に減る。しかし、それ以上は何をどう考えればいいのかわからない。

そのとき、「あっ」という高い声とともに、七海が茶色い髪をかきあげた。

「災害が起きて、パンの生産が減ったんですね」

優斗はイスからずり落ちそうになった。まさか彼女が冗談を言うとは思わなかったのだ。

「勝手に災害を起こさないでくださいよ」とつっこもうとしたとき、ボスがパチパチパチと大きく手をたたいた。

「すばらしい。大正解や」

「ちょ、ちょっと待ってくださいよ。災害なんて言ってなかったですよ」

不思議がる優斗に、七海が順を追って説明してくれた。

「もともと生産されていたパンは200個だったのよね。ところが、価格が高騰《こうとう》したあとでは、実際に売られたのは100個だけ。あまっているパンがあれば、売るべきよね。だけど、それがないということは……」

七海は一瞬言葉を止め、優斗の目を見つめる。

「災害か何かの事情で、パンの生産量が100個に減っていたんじゃない？　だから、お金を配っても、国民にパンが2個ずつ行き渡らない。お金を配れば配るほど、パンを求めてみんながお金を払おうとするから、価格だけは上がるんだけど、問題は解決しないのよ」

「うわっ。そっか……」

優斗は悔しさのあまり頭を抱《かか》えた。名探偵《めいたんてい》に先を越される刑事《けいじ》の気持ちがわかった気がした。

「わからなくなったら、サクマドルの話を思い出すことや。お金はただの紙切れや。お金の力に惑《まど》わされたらあかんで」

ボスの言うとおりだ。サクマドルを配るだけで食料不足が解決するはずがない。ところが、お金と聞くと何か特別な力でもあるような気がしてしまう。ボスが、さらに解説を続ける。

「ハイパーインフレで失敗する国は、生産力の不足をお金という紙切れで穴埋《あなう》めできると勘《かん》違《ちが》いした国や。しかし、お金が直接パンに化けるわけやない。自然の恵みや働く人たちがおって、生産力があるから作れるんや。ジンバブエの生活が苦しくなったのは、お金が増えすぎたからやない。物が作れない状況にあったからや」

ひととおり解説が終わると、あぐらをかいていたボスが座り直した。そして、「さて、優斗くん」と改まった声を出した。

「100人の国の話には続きがあるんや。お金がえらいと信じる人たちは、もっとお金を配れと叫んでデモ行進をした。しかし、他の人たちは災害で壊《こわ》れたパン工場をせっせと修理した。どっちの行動が正しいか。もう明白やろ。これが、『お金はえらいのか？』という君の質問への答えや」

トンカツ屋のえらそうな客が、お金を配れと叫ぶまぬけな人たちに重なった。そして、工場を修理している人たちの中に両親の姿が見えた。

胸の中の鉛玉《なまりだま》が少し溶《と》けた気がした。

経世済民という優しい経済

新しくいれられた紅茶が運ばれてきて、3人は一息ついた。

そのとき、七海が自分自身の話を始めたのは、ボスの何気ない一言がきっかけだった。

「なかなか素敵《すてき》な腕《うで》時計やな」

シフォンケーキを食べる七海の手元で、くすんだ真珠《しんじゅ》色の文字盤が光っている。優斗にはお世辞にも素敵な腕《うで》時計には見えなかった。古ぼけていて、むしろ彼女の装《よそお》いには不釣《ふつ》り合《あ》いに見える。

しかし、ボスのその言葉で彼女の頬《ほお》はゆるみ、いつもの隙《すき》のない表情を崩した。

「ありがとうございます。でも、古いデザインですよね」

自然な素顔《すがお》をのぞかせた彼女は、なつかしむように腕時計《うでどけい》を触っている。

「母の形見なんです。半年前に病気で亡《な》くなったばかりで」

「それは余計なことを聞いてしまうたな……」

と、ボスはあわてた顔をした。

「いえいえ。逆に聞いてもらえてうれしいです。聞かれでもしない限り、そんな話できないですから。誰にも話さないと、母の存在が消えてしまいそうで不安になります」

声を落として話していた七海は、そこで口をつぐんだ。

「そうやったんか……きっと素敵なお母さんやったんやな」

柔《やわ》らかい眼差しとともに、ふたたびボスが優しく声をかけた。

その言葉が後押《あとお》しになったのか、何かスイッチでも入ったかのように、七海はしんみりと語り始めた。

「私にとって、母が唯一《ゆいいつ》の頼りでした。その母が亡くなって、膝《ひざ》が崩れるというか、足元が地面ごと崩れちゃったんですよね。もう一度立ち上がろうと思ったら、今度は、確実なもの、消えないものを支えにしたいって思って。それがお金だったり、自分が仕事に打ち込むことだったり。だけど、それだけでいいのかなとも思ったりして……」

ボスは何度も「そうか、そうか」と優しくうなずきながら、聞いていた。

優斗はそのやりとりを黙って見守るしかなかった。七海の抱《かか》える心の痛みをどこまで理解できたかはわからないが、彼女の言葉は心に染《し》み込んできた。

「ごめんなさい。とりとめのない話をしちゃいましたね」

七海は両手を顔にあてて、そのまま髪をかきあげると、息をゆっくりと吐《は》いた。

ふたたびフォークを手にして、

「このケーキ、おいしいですよね」

と笑ってみせた。

そして、残りのシフォンケーキを素早く口に運んで、また隙《すき》のない顔へと戻《もど》っていった。


ボスが後ろの棚から厚紙を1枚取り出す。

そして、万年筆で「経世済民」と大きく書いた。

「これで、けいせいさいみん、と読む。世をおさめて民《たみ》をすくう、という意味や。経済は経世済民の略語や。本来、経済はみんなが協力して働いてみんなが幸せになることなんや。その腕《うで》時計にしても、多くの人が働いて作ってくれたおかげで、七海さんのお母さんが幸せになった。その幸せを今度は七海さんが受《う》け継《つ》いでいるわけや」

腕時計《うで》を見つめていた七海が顔をあげる。

「そう言われると、経済は優しくあってほしいと思います。ですけど、実際の経済はGDPを増やすことばかり考えていて、そんなに優しくない気がするんですよね」

ボスの「ふむ」というあいづちを待ってから、七海は話を続けた。

「この腕時計《うで》は、私にとってはもちろん大切なもので、ずっと使い続けたいと思っています。でも、それだとGDPは増えないです。経済のためには、この時計が壊れて、早く新しい時計を買《か》い替《か》えたほうがいいわけですよね。人の感情を無視しているようで、なんだか冷たい世界に思えてしまいます……」

点数に取り憑《つ》かれた現代社会

基本的すぎる質問だと思いつつ、優斗は思い切って聞いてみた。

「GDPって、そんなに大事なんですか?」

「いい質問やな。根本から疑って考えることはいちばん重要や」

優斗の心配に反して、ボスはうれしそうに答えてくれた。

「このGDPってのは、1年間に、国中で支払ったお金の総額や。それは、作った物の総額でもある。たくさん物を作れば、生活も豊かになる。せやから、とにかくお金を使ってGDPを増やせばいい。そう考えるのが、今の社会では当たり前になっているんや」

当たり前と言われても、優斗には納得がいかない。

「だけど、そんなのもったいないですよ。腕《うで》時計がまだ使えるのに、買い替えたほうがいいなんて。誰も幸せにならないし、ムダな仕事を増やすだけだし」

「優斗くんの意見はまさに、経世済民の発想やな。僕もそう思うで。しかし、僕らはいつも点数に惑わされる。基本に立ち返って、本来の目的を考えんとあかん」

「点数って、そのGDPのことですか？」

「それだけやない。なんでも同じ話や。学校のテストでも、『いいね』の数でも、点数を稼《かせ》ぐことに夢中になると、本来の目的を忘れてまう。良い点を取ろうと暗記だけしても、学力はつかへん。『いいね』が欲しくて写真を撮《と》ることに夢中になると、今を楽しめへん。それと同じで、GDPを目的にすると、肝心《かんじん》の幸せになることを忘れてしまうんや」

七海は難しい顔をしていたが、声はいつもよりも静かだった。

「でも、どうすればいいんでしょうね。1人ひとりにとって、幸せの評価軸《ひょうかじく》は違いますから。全体を把握《はあく》するためには、とりあえずGDPが増えていれば、幸せが増えていると考えるしかなさそうな気がします」

「まさに、そこなんや」

ボスの声に力がこもる。

「大事なのは、今言うてくれたように、ＧＤＰは『とりあえず』の数字でしかないってことや。本来の目的を忘れたらあかん」

優斗には、自分に向けられた言葉のように感じられた。

これまで、勉強の目的をまじめに考えたことがなかった。テストで良い点数さえ取ればいいと思っていたし、高校を選ぶのも偏差値《へんさち》で周りに負けたくないくらいにしか思っていなかった。

ムダな仕事をなくすための条件

七海は、まだ引っかかっているようだった。

「幸せを目的にしたほうがいいのは、私も同感です。ですが、現実問題として、消費が減ってお金を使わなくなると、世の中の仕事が減りますよね。給料が減ったり、失業者が増えたりします。将来、ロボットやＡＩが人間の仕事を奪《うば》う恐《おそ》れも指摘されています」

お金が稼《かせ》げなくなるのは困る。ＡＩの活躍《かつやく》する未来に、優斗は不安を覚えた。

ところが、ボスの考えはまるっきり反対だった。

「経済は、ムダな仕事を減らしてきたから発展できたんや」

「どういうことですか？」と七海がたずねる。

「昔は、大勢が鍬《くわ》や鋤《すき》を持って、田畑を耕しとった。トラクターなんかの機械ができたおかげで、仕事は激減した。そうして手のあいた人たちが、新しい仕事に取り組んで、新しい物を作るようになったんや。七海さんの腕《うで》時計や、このケーキがいい例やで」

ボスの皿のシフォンケーキは、そのまま残っていた。そこに添《そ》えられたミントの葉を見つめる優斗に、疑問が芽生えた。次々に欲しいものや必要なものができれば、仕事は増えるだろう。だけど、と優斗は思う。

「新しい仕事が増えなかったら、やばくないですか？」

当然の心配だと思ったが、それこそがお金に囚《とら》われている証拠だとボスは言う。

「100人の国の話と同じやで。僕らが食べているのは、お金やない。パンが必要なんや。ロボットが活躍して仕事が減っても、生産されるパンは減るどころか増えるやろう。それなのに、生活できない人が増えるなら、パンを分かち合えていないってことや。せっかく仕事を減らせたのに、会社のえらい人や仕事のできる一部の人だけが得をしているという状態なんや」

「分かち合う……ですか」

それは、優斗が考えたことがない視点だった。

「それができないと、ムダな仕事を作らなきゃいけないんですね。ちゃんと分かち合う社会になっているのかな」

「それは優斗くん次第や。君たちがそういう社会を作るんや」

「いやいや」

優斗は思わず笑った。

「社会を作るって言われても……。僕は政治家になんかならないし……」

しかし、ボスの表情は真剣だった。

「社会は政治家が作るものでも、誰かに与えられるものでもあらへん。僕ら自身が形作っているものやと思うで。どんな問題も僕ら1人ひとりが協力して解決しているんや。1人ひとりの意識が変わって、行動が変われば、社会は変わる。僕はそう思うで」

ボスの言いたいことはわかる。だけど、何ができるのだろうか。まったくイメージが湧《わ》かなかった。

優斗と七海が研究所から出たとき、西の空はまだわずかに明るかった。冬が始まろうとしていて、空気は少し冷たい。しかし、歩くには心地《ここち》よい夜だった。七海のヒールの音が、静かな夜道に響《ひび》いていた。

駅へといっしょに向かいながら、優斗は気になっていたことを口にした。

「あの屋敷の価値がわかったら、財産をくれるとかってボスが言っていたじゃないですか。なんで、見ず知らずの僕たちにくれるって言うんですかね。あれって本当だと思います？」

「それはね、多分、お金を使う覚悟を見ているんじゃないのかな」

「お金を使う覚悟？」

「そう、覚悟。でも、他の意味があるのかもね。上司がここに来させていることも関係あるかもしれないし」

「僕も、それ、気になっていました。はじめにボスが言ってたじゃないですか。七海さんの上司が、七海さんのことをほめているって。きっと、後継者《こうけいしゃ》を探して養子にしようとしているんじゃないですか」

「それ、いいわねー。あんな屋敷をもらえるなら、私、養子にだってなるわよ」

笑って答える七海の顔を見つめながら、優斗も想像してみた。もし、自分が後継者に選ばれたら、親は喜んで養子に出してくれるのだろうか。

赤信号を待っていると、優斗の左肩《ひだりかた》が突然、ポンポンとたたかれた。

「ねえ、すごい綺麗《きれい》よ！」

顔をほころばせる七海の指差す先には、優斗には見慣れた山並が広がっていた。そのすぐ上にオレンジ色の満月が出ている。

東京では高い空にしか月が見えなくて、空を見上げることもほとんどないらしい。こうやってのんびり歩くこともないそうだ。

しばらく、他愛ない話をしながら歩いていると、スマホが鳴って、彼女は流暢《りゅうちょう》な英語で話し始めた。戦闘《せんとう》モードにでも入ったかのように、彼女の横顔はキリッとしていた。


駅前で七海と別れて、優斗は駐輪場《ちゅうりんじょう》へと向かった。

昼からずっと停めていた優斗の自転車は倒れていた。隣の自転車も、そのまた隣も。

「めんどくさっ」

自分の自転車のハンドルをつかんで、力まかせに引き起こす。サドルにまたがって帰ろうとしたとき、ふとボスの言葉を思い出した。

「社会は、僕ら自身が形作っている」

優斗は「めんどくさっ」とふたたびつぶやいて、自転車から降りた。倒れている他の自転車にも手を伸ばして、1台ずつ起こしていく。

どのハンドルも重くて冷たかったが、少しだけ社会をつかめた気がした。

真正面の低い空に、さっきの満月が輝いているのが見えた。

第2章のまとめ

- ☑ 問題を解決しているのはお金自体ではなく、お金を受け取る人々
- ☑ お金が商品に変わるのではなく、自然資源に無数の労働が結びついて商品が生産される
- ☑ お金の力は選ぶ力。
  解決してくれる人を選ぶことしかできない
- ☑ ムダな仕事を減らすことで、経済は発展している
- ☑ 成果を分かち合うことができなければ、ムダな仕事が必要になる
- ☑ 1人ひとりが社会を形作っている

第3章

お金の謎《なぞ》3
「みんなでお金を貯めても意味がない」

外気に触れて、優斗は思わず首をすくめた。冬休みに入って一段と寒くなった気がする。すぐそこの福田書店《ふくだしょてん》に行くだけだと思ってコートを羽織《はお》らなかったことを少しだけ後悔した。

優斗の両親は、本だけは気前よく買ってくれる。子どもに本を読ませたいという教育方針なのかもしれないし、トンカツ屋の常連である福田さん夫婦《ふうふ》への感謝もあるのかもしれない。この日も、母が福田書店に行こうとしていたので、本を買ってもらおうとついて来たのだった。

「ちょっと、教えてほしいのよ」

書店に入るなり、母は福田のおばさんに何やら相談し始めた。優斗は2人を横目に、「こんにちは」と口を動かしてから、店の奥へと進んで行った。

店内はそんなに広くないが、大好きな推理小説コーナーは充実《じゅうじつ》している。逆に言えば、その品揃《しなぞろ》えが優斗を推理小説にハマらせたとも言える。棚を指でなぞりながら気になった本を取り出しては、試《ため》し読みをくり返した。

結局、選んだのは建築学科の助教授が活躍するミステリー2冊だった。そして、それとバランスを取るために、数学の参考書を1冊選んだ。選び終えて振り返ったとき、すぐ隣の棚では、福田のおばさんと母が2人して本を吟味《ぎんみ》していた。

「ねえ、これはどうかしら。税金のことも書いてあるのよ」

おばさんが手にした本の帯に、「初心者」「投資」という単語が見える。2人の前にある本《ほん》棚《だな》には、お金の貯《た》め方や増やし方の本が並んでいた。

会計を終えたあとも、2人はしばらく話《はな》し込《こ》んでいて、その内容は優斗の耳にも入ってきた。

福田書店もネット通販や電子書籍《しょせき》に押されて将来への不安を感じているそうだ。おばさん自身もお金の勉強を始めたらしい。母もまた、年金だけだと老後は安心できないともらしていた。

家に帰ると、厨房《ちゅうぼう》にいる父が包丁《ほうちょう》を手に仁王《におう》立ちしていた。大きな肉のかたまりと対峙《たいじ》していて、トンカツ用にスライスするところだった。優斗には見慣れた姿だったが、遊びに来る友達に見られるのがいつも恥ずかしかった。

仕込みをするときの父は、冬でも白いランニングシャツ1枚なのだ。

母は割烹着《かっぽうぎ》に着替《きが》えて、夜の営業の準備に取りかかる。福田書店の紙袋を抱《かか》えた優斗は、足早に階段を上っていった。

兄が塾から帰ってくるまで、2階は優斗だけの空間になる。母の買った本を食卓に積み上げると、いちばん上に置いた本に目がとまった。表紙に書かれた「老後の不安」という言葉が気になり、パラパラとめくってみる。

あるページに、老人を乗せた神輿《みこし》を担《かつ》ぐ若い男女のイラストが描かれていた。押しつぶされそうになっている2人の苦しげな表情に、心がざわつく。そこには、年金制度の説明が書かれていた。

年金というのは、優斗が理解した限り、子どもたちが自分の両親に仕送りをするように、若い世代が高齢者《こうれいしゃ》を支える制度のことらしい。

30年前は、働いている世代の人数が高齢者の5倍もいたという。5人で1人の高齢者を支えればいいから負担は小さい。しかし、今は2人で1人の高齢者を支えている。それで、イラストの2人は苦しい顔をしていたのだ。優斗がページをめくると、さらなる衝撃《しょうげき》が走った。

30年後には、高齢者1人をたったの1・3人で支えないといけないらしい。

それはつまり、こういう計算になるそうだ。毎月10万円の仕送りを5人で負担するなら、1人当たり2万円ですむ。ところが、1・3人で負担するとなると、1人当たりの金額は8万円近くまで膨《ふく》らむ。

不安は絶望に変わっていた。

そのとき、トントントンというリズミカルな音が下から聞こえてきた。柔らかくなるように、揚げる前の豚肉《ぶたにく》を包丁《ほうちょう》の背でたたく音だ。

両親には、将来のためにもお金を貯めておいてほしいと優斗は心から願った。書店でお金の本がたくさん売られているのも、みんなが将来に不安を抱《かか》えていることの表れなのだろう。「備えあれば憂《うれ》いなし」とこの本の帯にも書かれているように、将来に備えるためには、お金は間違いなく必要だ。そのために汗水《あせみず》たらして、みんながんばって働いている。そして、福田書店のおばさんや優斗の母のように、少しでもお金を増やすために本を読んで学ぶ人たちもいる。

こうした現実を突《つ》きつけられると、ボスの言葉が非常に無責任に感じられた。

「みんなでお金を貯めても意味がない」

しかし、それこそが最後に残された謎《なぞ》だった。

お金の地動説

その2日後の午前中、優斗と七海はお金の向こう研究所を訪れていた。最後の謎《なぞ》を解くために。この日、丸1日かけて教わったことを要約すると、たった1文になる。

「お金は奪《うば》い合《あ》うことしかできないが、未来は共有できる」

最後まで話を聞いて、ボスと未来を共有したい気持ちになれた。しかし、講義の出だしは最悪だった。未来を共有するどころか、ボスと優斗は、現在で決裂《けつれつ》しそうになったのだ。

事の発端《ほったん》は、優斗の何気ない質問だった。研究所も冬休みに入っていて、この日はたっぷり時間があったから、はじめにお茶を飲みながら雑談をしていた。

「簡単にお金を増やす方法ってないんですか？」

優斗が軽い気持ちでボスにたずねたのは、母がお金の勉強を始めたという話題になったときだった。ところが、ボスの反応はいつもと違ってしぶかった。

「お金自体を増やそうと思ったらあかんわ。お金は増えへんから、みんなで奪い合いをするだけや」

「奪い合ったりしないですよ。みんながんばって貯めようとしているんですって」

「そもそも、みんなでお金を貯めようとしても意味ないねん。全員で沈《しず》んでいくだけやで」

ボスの言い分に、今回ばかりは優斗も腹が立った。彼が突拍子もないことを言うのには慣れている。しかし、両親やみんなの努力を否定したことが許せなかった。

「意味ないってどういうことですか。みんな、間違えているって言いたいんですか」

優斗が強い口調で言い立てても、ボスは顔色ひとつ変えない。

「みんなが信じているから正しいなんて、まったく理由にならへんで。天動説を知っているやろ。昔は、太陽のほうが動いていると大勢が信じとった。それと同じやで」

ボスは握っていた黒い万年筆を優斗に突きつける。

「何が正しいかは自分で見極《みきわ》めんとあかんのや」

万年筆の表面に金の装飾《そうしょく》がほどこされていて、お金持ちと庶民《しょみん》の違いを見せつけているかのように、優斗には感じられた。

「いいですよ。だったら、何が正しいか、自分で見極めます！」

一度疑うと、すべてが怪しく見えてくる。ボスの笑顔もうさんくさいし、投資で大もうけしたという話だって怪しいものだ。お金よりも大事なものがあると信じ込ませて、お金を巻き上げてきたのかもしれない。お金の向こう研究所なんて名乗っているが、何をしているのかよくわからない。

ボスの正体を暴《あば》いてやりたいと思った。

休日にお金を使えない街

2人の会話を、七海の穏やかな声がさえぎった。

「今のお話には、深い意味がありそうですね。以前もおっしゃっていましたが、お金を貯めても将来の備えにならないというのはどういう意味でしょうか？　それと、お金は増やすことができないというのも気になりました」

「どっちも意味不明ですよ」

優斗は腕《うで》を組んで、顔を横にそむけた。

「ワッハッハッハッハ。意味不明な話がおもろいんや。お金が備えにならんのは昔の人にとっては常識やで。正月におせち料理を食べるやろ。君らは、おせち料理で何がいちばん好きや？」

「話をいきなり変えないでくださいよ」

横を向いていても、聞かれると優斗はつい応じたくなる。

「なんや。優斗くんは、最近の子やから、おせち料理を知らんのか」

「知っていますよ、それくらい。僕は、黒豆と栗《くり》きんとんが好きです」

「優斗くんは、甘党《あまとう》やな。七海さんはどないや？」

「私は、棒鱈《ぼうだら》です」

「なかなか、しぶいチョイスやな。僕はあれや、ぐるぐるっと巻いた卵のやつが好きや」

「それ、伊達巻《だてまき》でしょ」

優斗が教えるとボスはうれしそうにする。

「そうやそうや。伊達巻やったわ。ほな、お正月におせち料理を食べるのはなんでやと思う?」

「それも知っていますよ。おせち料理は、保存食だからですよ」

優斗は少し得意げになって話したが、すぐに後悔した。まんまと、ボスのペースにのせられていることに気づいたからだ。

「若いのに、よう知っとるな。おせち料理は、究極の作り置き料理や。正月は誰もが休みたい。休むのは外の仕事だけやなくて、家の中の仕事も同じや。家でのんびり過ごすために、昔の人たちは、餅《もち》やおせち料理を準備したんや」

話の着地点がわからず、優斗はじれったくなる。

「みんなで協力することが大事だって言いたいんですか」

「ワッハッハッハッハ。僕はそんな話せえへん。これは経済の話やで」

「えっ、経済? 経済の話なら、保存食なんていらないでしょ。コンビニで買えばいいし」

「そのとおりやな。まさに今の状況や」

ボスは両手を広げた。テーブルの上には、ペットボトルのお茶とどら焼きの入った箱が置かれている。どちらも、優斗が買ってきた物だ。

紅茶をいれてくれるスタッフも年末休みを取っているという理由で、ボスから頼まれていた。どら焼きの箱には駿河庵《するがあん》と書かれている。コンビニのお菓子《かし》は味気ないと思い、商店街の和菓子屋《わがしや》で買ってきたのだった。

「スタッフが休んでも、コンビニでお茶を買えばいいんや。お菓子を作らんでも、和菓子屋でどら焼きを買える。これは、お金を使う貨幣経済が発達したおかげや。昔なら保存食を作る必要があったけど、今の僕らが休むには、お金さえ用意すればいい」

「ほら、やっぱり、そうじゃないですか」

優斗が胸をそらして言うと、「しかしやで」とボスがたたみかけた。

「正月になれば商店街のみんなが休む。和菓子屋もお休みや。年中無休のコンビニでお茶が買えるのは、それを作る工場が稼働《かどう》していて、運ぶ人も働いているからや。コンビニの店員も含《ふく》めて全員が休むなら、お金を用意していても意味がない」

それを聞いて、優斗は最近観た映画を思い出した。

街から、人々が突如《とつじょ》消え、サバイバルゲームに巻き込まれる。はじめは、誰もいないスーパーから果物やパンなどの食料を見つけ、空腹を満たせる。しかし、日に日に食料は腐《くさ》り、缶詰《かんづめ》に頼るしかなくなる。

店のレジを開ければお金は取り放題だが、お金を取る人なんていない。その世界には働いてくれる人がいないから、お金は何の役にも立たないのだ。

ボスは話を続けた。

「少子化が進めば、働く人の割合が減るんや。極端《きょくたん》な話、働かない老人だけになったら、営業しているお店はあらへん。どんなに札束を握りしめても、生活はできないんや」

そう言われると、お金だけあってもしょうがない気がする。だけど、みんなが間違っていて、ボスだけ正しいというのは信じがたかった。

1億2000万人のイス取りゲーム

「100人の国の問題を覚えているやろか」

それは、優斗が前回解けなかった問題だ。パンの生産力が減っているのに、お金を配ってもパンを食べられないという話だ。

「年金問題もそれと同じなんや。お金が足りないんやない。少子化によって、生産力が足りなくなるんや。1個しかないパンを若者と老人の2人で奪い合うようなもんや」

若者から老人への仕送りが多ければ、若者はパンを買えなくなる。逆に、仕送りが少なければ、今度は老人がパンを買えない。だから多くの人は、老人がお金を貯めておくべきだと考える。そうすれば若者も老人も、パンを十分に買えそうだ。

だが、それは本質的な解決からはほど遠い。いずれにしても、パンを1個しか作れないことに変わりはないのだから、結局はパンが高騰《こうとう》して2人で半分ずつ分け合うしかない。

「個人の視点では、パンにありつくためには、お金を貯めることには意味があるで。せやけど、全体で考えると、みんなでお金を貯めても何の解決にもならんのや」

その説明を聞いた優斗は、この部屋でサクマドルを作ったことを思い出した。

お金は個人にとっては価値があるけれど、全体では価値がない。あのとき、5枚のトランプを広げながら実感した。佐久間家は、54枚のサクマドルを手に入れたが、生活が豊かになったわけではない。将来への備えになるはずもないのだ。

「なんだか、イス取りゲームをしているみたいですね、僕たち。1億2000万人参加のイス取りゲーム」

「僕もほんまにそう思うわ。少子化によって働く人の割合が減るってことは、イスが減るということや。その一方で、高齢者は増えるから、介護職《かいごしょく》の数を今後20年で3割増やさんとあかんと言われている。仮に、増やせたとしても、他の仕事をする人の数が減る。他の分野で物やサービスが足りなくなるんや」

優斗はため息をついた。

「無理ゲーですよ、それ。お金貯めても、物が足りなければ、値段が上がるんですよね。お金をたくさん持っていたらイスに座れるけど、誰かがイスからはじき出されるってことでしょ？」

　まさに、相手を蹴落《けお》とすことでしか勝ち残れないサバイバルゲームだ。みんなで協力して生き残ることなんてできやしない。

「1億2000万人もおると、イスの数が減っていることにも、誰かをはじき出していることにも気づかへん。みんなが、お金を貯めさえすればいいと思ってしまうんや」

「イスを買うお金を貯めるんじゃなくて、すぐにイスを作ったほうがいいですよ」

「優斗くん、それなんや」

　ボスはニカッと笑った。

「僕らは、未来のためにイスを作らんとあかんのや」

　ボスのよく使う「僕ら」という言葉に、優斗自身も含まれていると改めて実感した。他人《ひと》事《ごと》ではなく、自分たちで解決していかないといけない。

　いつのまにかボスへの疑念は晴れていた。

「でも不思議ですよ。そんな当たり前のことに誰も気づけないなんて」

「気づいている人はいくらでもおるで。これは、社会保障の経済学では当たり前の話やし、年金制度を作る厚生《こうせい》労働省も同じ意見や。年金の問題を解決するには、お金を貯めてもしょうがない。少子化を食い止めたり、1人当たりの生産力を増やしたりしないとあかん」

「ていうか、専門家も同じ意見なら、最初に言ってくれればいいのに」

不満をこぼす優斗を、ボスが優しくなだめる。

「それも天動説の話といっしょや。えらい人が言うことも正しいとは限らへん。今、優斗くんは自分の頭で考えて、答えにたどり着いたやろ。君みたいな人が増えへんと、正しいことが社会に伝わらへんのや」

2人の議論がようやく収束した。エアコンの送風音が聞こえてくる部屋の中で、七海がぽつりとつぶやいた。

「私たちは、お金を過信しているんですね」

その言葉に、ボスが顔を輝かせる。

「まさに、それなんや」

それこそが、3つの謎《なぞ》を通して、ボスが伝えたかったことのようだ。

「お金は無力なんや。それに気づかへんと、お金を集めることだけに夢中になる。ここからがスタートや。ようやく君らと未来の話ができる」

増やせないお金

　ボスがさらに続けようとすると、七海が小さく左手をあげた。

「未来の話の前に、1つよろしいですか？」

　彼女のシャツの袖《そで》から、真珠色の腕《うで》時計が顔をのぞかせている。

「お金を増やすことができないとおっしゃっていたのは、どういう意味なんでしょうか？」

「そうやった、そうやった。七海さんはどう思うんや？」

　質問で返された七海は、茶色い髪をかきあげて答えた。

「これも、いつものように視点の問題ということでしょうか」

「察しがええな」

　と、ボスは口を斜《なな》めにして笑いかける。

「お金を増やせるのは、個人の視点や。せやけど、全体を見るとお金は増えへん」

　簡単そうに言うのだが、優斗にはまるでイメージできない。

「全体なんてどうやって見ればいいんですか？」

「みんなの財布を想像したらええんや」

優斗の財布、七海の財布、いろんなお店の財布や会社の財布が世の中には存在する。お金はすべて、財布から財布の移動だと言う。

どら焼きを買えば、優斗の財布のお金は減るが、減ったお金は和菓子屋の財布へと移動している。給料日に七海のお金が増えるのも、働く会社から移動しているだけだ。

以前の話を思い出して、優斗は後ろを振《ふ》り向いた。ビリヤード台には、今も3つの玉が乗ったままだった。玉をどれだけ転がしても、玉の数が減ったり増えたりするはずはないのだ。

七海はまだ眉間《みけん》にしわを寄せていた。

「お金の移動はわかります。ですけど、金利の分だけ、お金は増えるのではないでしょうか。日本は低金利ですが、預金していれば利息がつきますよね」

ボスは「いや」と一度首を横に振ってから説明を始めた。

「利息もまたお金の移動なんや。利息ってのは、銀行がもうけたお金を、預金者に払っているだけや。空中からパッと出てくるわけやない。金利の分だけお金が増えると思うのは、よくある誤解や」

七海は、意外そうな顔をしたが、しばらく考え込んで納得したようだった。

「投資銀行に入って、真っ先に金利について教わるので、金利の分だけお金が増えていくものだと思い込んでいました。全体の視点で考えていなかったです」

彼女が知らなかったということのほうが、優斗には意外だった。

ボスが、パンパンと手をたたく。

「よし、次は課外授業や」

学生を引率《いんそつ》するかのように張り切った声を出すと、彼はプリントアウトした地図を渡してきた。

「そこで、僕の友達が会社をしているんや。彼は、未来へ蓄《たくわ》えるべき物をよう知っとる。2時に約束しているんやけど、僕はちょっと用があるから、現地集合にしよか」

ボスはもったいぶった言い方をした。未来へ蓄えるべき物が何なのかは、あとのお楽しみということなのだろう。

後ろの棚では、ボスに似たラクダの置き時計が12時10分を指していた。不安になって優斗がスマホでも時間を確認していると、ボスがそれに気づいたようだった。

「僕の分身やと思って、ラクダちゃんを信じてあげて大丈夫や。電池を新しくしたから、ちゃんと動いているで」

お金が隠す人々のつながり

30分後、駅前のカフェレストランのテーブルに、優斗と七海の姿があった。駅まで歩いてくるうちに、優斗はすっかりおなかがすいていた。先に運ばれてきたのは、優斗の注文したキーマカレー。食欲をそそるスパイシーな香りにがまんできず、すぐに一口食べた。

地図の場所まで、電車で20分ほどだったため、ゆっくりランチをする時間があった。新年まで残り1週間もなかったが、お昼どきの店内は会社勤めの人たちで賑《にぎ》わっていた。

「七海さんの会社って、もうお休みなんですか?」

優斗は右手のスプーンを下ろしてたずねた。

「うちみたいな投資銀行には、欧米《おうべい》のお客さんが多いの。彼らは、年始まで長めのクリスマス休暇《きゅうか》を取るから、私たち社員もこの時期に長期休暇を取れるのよ。それよりさ、大丈夫?さっき怒っているように見えたけど」

「そりゃ怒りますよ。お金貯めても意味ないなんて言われたら、やばいって思うじゃないですか。みんなを洗脳してお金をだまし取ろうとしているのかと、妄想《もうそう》が膨《ふく》らんじゃいました」

優斗がわざとおおげさに言ってみせると、

「洗脳って、なによそれ」

と、七海が歯並びの良い口を開けて笑った。

「彼は投資でもうけているだけで、人をだましたりしないわよ。それに、みんなのことを考えている人だと思うよ。この前の車、覚えている？」

「派手な車ですよね。桜の模様とか描かれていたピンクのやつ」

「あのあとに教えてもらったんだけどね。高校の美術部の卒業制作のために、車体を自由にデザインさせてあげたんだって。その高校もだけど、彼はいろんな学校の活動を支援《しえん》したり、寄付をしたりしているのよ」

「へえ、そんな活動もしているんですね。イメージ湧《わ》かないです」

「でも、納得じゃない？　そういう人だから、社会全体の視点でお金を見られるのよ。逆に、私たちは個人の視点でしか見てないから、その延長で社会全体をとらえちゃうのよね。それで、社会全体でもお金を貯めればいいんだって思っちゃったのよ」

金利の話には、彼女も衝撃を受けたようだ。金融の世界では、財布から財布にお金が移動するという発想は少なく、自分の財布だけを見つめて、お金は増えるものだと考えるらしい。

「私たちは、お金に惑わされて、人のつながりを見失っているのかもね。お金が無力だって彼も言っていたけど、支えてくれているのは人なんだろうね」

彼女の言葉からは、「お金こそが力」と語っていたころとは違った柔らかいものを感じた。七海から受ける印象は、以前とは少し変わった。考えが変わってきたのは優斗も同じだった。ボスの話を聞くうちに、社会が温かいものに見えてきていた。

忙《いそが》しそうに店内を駆け回っている若い店員が、七海の頼んだグリルチキンサンドをようやく運んできた。

「大変お待たせして、すみませんでした」

頭を下げて謝る店員に、

「大丈夫です。ありがとうございます」

と七海は優しい声で答えていた。

未来に蓄えるもの

2人が降りた駅は、優斗も初めて訪れる場所だったが、近くに停まっているピンクの車のおかげで、目的のビルはすぐに見つかった。

車に運転手を残してボスが合流し、3人は2階のオフィスへと向かう。

扉を開けると、軽快な音楽が聞こえてきて、強めのコーヒーの香りが優斗の鼻を刺激《しげき》した。ここに、未来に蓄えるものがあるというのだろうか。

室内は雑然としていて、優斗の想像した会社のイメージとはかけ離れていた。ボスの部屋と同じくらいのスペースに、高密度に物が置かれている。大量の段ボール箱、ハンガーラック、筒状《つつじょう》に巻かれた生地《きじ》、打楽器のようなものや、何に使うのかわからない針金のかたまりみたいなものもある。

部屋の真ん中にはパソコンデスクが4つ置かれていて、1人の男性が画面に向かってキーボードをたたいていた。

「堂本《どうもと》くん、遊びに来たで」

ボスが大きな声で呼びかけると、その男はこちらを向いて、「ちわっす」と陽気に答えた。

堂本と呼ばれた男は、小麦色に焼けたツヤのいい肌《はだ》に、整えた口ひげをたくわえている。ひげのせいで40歳《さい》くらいにも見えるが、20代かもしれない。

街で会ったら、絶対に近づきたくないタイプだと優斗は思った。見るからに怪しそうな風《ふう》貌《ぼう》だったのだ。

「年末だから、今日は僕しかいないんすよ。せまいですけど、こっち座ってください」

堂本に案内されて、4人は奥に置かれたテーブルについた。ボスは、優斗と七海のことを軽く紹介してから、堂本に向かって頼んだ。

「君の活動を、彼らに教えてあげてほしいんや」

「いくらだって喜んで話しますよ。いろんな人に知ってもらいたいんすよ」

口角を上げて笑う堂本の目が、糸のように細くなる。

彼はいちばん近くのハンガーラックからシャツを1枚とって、テーブルの上に広げた。シャツは赤、青、黄、緑などの原色の目立つ模様が描かれていた。

「僕は、アフリカのガーナっていう国の支援のために、これを作っているんすよ」

予想外だった。彼の口から「アフリカの支援」という言葉が出るとは思いもしなかった。見た目で判断したことを申し訳ないと思いながら、優斗はそのシャツを着ているアフリカ人の姿を思い浮かべた。

「それをアフリカに寄付しているんですか？」

「違うんすよ。彼らに寄付をするのは、逆にアフリカの発展をさまたげるんすよ」

堂本は切実な表情で、現地のことを詳《くわ》しく教えてくれた。

「世界中から服が送られてくるせいで、特に西アフリカには高いお金を払って服を買う人がほとんどいません。現地で服を作っても売れないから、産業が発展しないんすよ。だから、アフリカで作った服を、日本に持って来て売っているんすよ」

熱心に耳を傾ける七海が、「なるほど」とあいづちを打つ。

「明治の近代化と同じことをされようとしているんですね。黒船が来航してから、日本が急速に成長したのも、繊維《せんい》産業からでしたよね」

「そうなんすよ。それに、アフリカの文化とか伝統には本当に魅力《みりょく》を感じています。僕はそれを日本で伝えたいんすよ」

堂本はアフリカと日本に拠点《きょてん》を持って活動しているそうだ。アフリカの工場では、現地の人たちに織り機やミシンの使い方を覚えてもらって、シャツやパンツを自分たちで作れるように導いている。

一方、日本では、作ったシャツやパンツを取《と》り扱《あつか》うお店を増やしたり、ネット通販で注文したお客さんにこの部屋から直接送るなどしていると話してくれた。

七海がしきりに感心している。

「私たちがアフリカに寄付するだけでは、長期的な解決にはならないんですね。それよりも、彼ら自身が生産できるようになれば、より持続的な未来につながっていきますよね」

優斗はハッとして、ボスの顔をうかがった。

「僕らが未来に蓄えるものって、このことですか」

ボスは、いかにも、と言わんばかりの顔をする。

「生産力は重要や。設備や生産技術の蓄積《ちくせき》がなければ、何も作られへん。せやけど、それだけやない。僕らの暮らしを支えるものには、他の蓄積もある。想像してみたらええわ。黒船を見て驚いとった江戸時代の暮らしと比べて、何が変わったかを」

変わったことだらけだと優斗は思う。ちょんまげ姿の侍《さむらい》が今の時代にタイムスリップしてきたら、驚きの連続に違いない。みんながのぞき込んでいる薄《うす》い板なんて理解不能だろう。

「スマホなんてやばいですよね。写真撮れたり、ゲームしたり、地図でもなんでも調べられるし。車とか新幹線とか、乗り物も相当便利になっていますよね」

「それに」と、七海がつけ加える。

「制度のように、形がないものもありますよね。教育制度や医療制度なども格段に私たちの生活を変えました」

ボスは満足そうに2人の答えを聞いていた。

「君らの言うとおりや。物を作る生産力の他にも、いわゆるインフラと呼ばれる社会基盤《きばん》が蓄積されてきた。インターネット、道路や鉄道の交通網《こうつうもう》、電気や水道、学校や病院なんかがそうやな。そして、制度やルールも僕らの生活には必要や。これらすべて、昔の人たちが考えて手を動かして蓄積してきたものや。昔からの莫大《ばくだい》な蓄積が今の豊かな暮らしを作っているんや」

堂本が細い目を光らせる。

「アフリカにもこうした蓄積が必要なんすよ。学校に行ける子も病院に行ける子も一部なんすよ。設備も制度も不十分ですし。日本で生活の豊かさの話になると、給料が増えないとか、すぐお金の話になりますけど、違和感あるんすよね」

事業の利益で現地の学校支援もしていると話す堂本が、アフリカの動画を見せてくれた。

ノートパソコンのスクリーンにアフリカの小学校の風景が映し出される。画面の中央には手作りの長机が並び、ぎゅうぎゅうになって座る子どもたちの笑顔があふれていた。

堂本の手がマウスをクリックすると次の動画が始まった。校舎の外の様子が見える。子どもたちが歌に合わせて踊っていて、何羽《なんわ》もいる鶏《にわとり》がカメラに向かって飛《と》び跳《は》ねていた。

その小学校での生活は日本よりも不便そうだ。だけど、子どもたちの目は希望に満ちていた。そして、動画にいっしょに映る堂本の生き生きとした顔が、優斗には印象的だった。

段ボールの積み上がったその部屋で、未来を作ろうとしている堂本の強い意志と情熱に、優斗の心は揺さぶられた。

値段で価値は測れない

ボスの部屋には、冬の低い太陽の光がテーブルの真ん中にまで差《さ》し込《こ》んでいた。堂本のオフィスをあとにした優斗たち3人は、ピンクの車で研究所に戻《もど》ってきたところだった。

箱の中にまだ残っているどら焼きを、優斗は2人にすすめた。

「この駿河庵《するがあん》のどら焼き、本当においしいんで食べてみてください」

七海が「1ついただくわね」と言って、どら焼きを几帳面《きちようめん》に半分に割る。断面に鼻を近づけて、甘い香りを確認してから口へと運んだ。

「うん。上品な甘さで食べやすいわね。これも過去の蓄積の賜物《たまもの》なんでしょうね」

ボスはどら焼きには手をつけなかった。イスの背もたれに体を預けたまま、彼女の食べる様子を眺《なが》めていた。

「僕らが当然やと感じている今の生活は、すべて昔からの蓄積のおかげや。どら焼きも、スマホのような最先端技術も、過去の蓄積の上に成り立っているんや」

七海が、どら焼きを食べる手を休めた。

「アフリカの話を聞いていると、生産力やインフラの蓄積など、実体あるものが生活を豊かにしているとよくわかります。ですが、日本にいると、土地や株の価格が暴落したときに、『莫大《ばくだい》な富が失われた』と言いますよね。こうした値段の蓄積も大事なのでしょうか？」

「グッドポイントや」

ボスが体を起こして、人差し指を立てる。

「生活の豊かさは、1人ひとりにとっての価値の話や。価値と値段は、区別せんとあかん。たとえば、そのどら焼きにはどれくらいの価値があると思う？」

優斗はすかさず答えた。

「1個200円でしたよ。っていうか、さっきボスからお金もらうときに、話しましたよね。1個250円のどら焼きを、おばちゃんが200円にまけてくれたって」

ボスが笑いながら否定する。

「それは値段の話やな。どら焼きを売るお店にとっては、間違いなく200円の価値がある。そのお金が手に入るからや。ところが、優斗くんは売る人やなくて食べる人や。君がどら焼きを食べて手に入れたのは幸せや。それが価値や」

「その幸せって、僕がおいしいと感じたかってことですか？」

「そういうことや。使用価値とも言うが、人それぞれの感じる価値は違う。申し訳ないが、あんこが苦手な僕にとっては、どら焼きに何の価値もない。値段と価値は別物なんや」

優斗はボスの話に納得しながらも、他のお菓子も買えばよかったと後悔した。

七海が2人の会話に割って入り、話を元に戻《もど》す。

「同じように、土地の価値は、生活の快適さ次第ということですね。水道や道路などのインフラが整って便利になることが大事で、土地の値段は関係ないということなのでしょうか?」

「みんなが便利やと思う土地は、みんなが欲しがるから結果的に値段は上がる。せやけど、その逆は成り立たへん。土地の値段だけ上がっても便利にならへんし、値段が下がったからといって、急に不便になるわけやない」

ボスは1991年のバブル崩壊《ほうかい》を例にあげた。2500兆円もあった日本の土地の総額が、5年後には1800兆円程度まで減少したそうだ。

戦争や災害でインフラがボロボロになったせいで値段が下がるなら問題だが、ただ値段が下がっただけでは、社会の蓄積が失われるわけではないらしい。このときは、みんなが不安になって不景気になったが、土地の住みやすさが損《そこ》なわれたわけではないと説明してくれた。

しかし、優斗には腑《ふ》に落ちなかった。住みやすさが大事なのもわかるが、高いほうがいいに決まっている。

「でも、1800兆円より2500兆円のほうがよくないですか? そのほうが高く売れるわけだし、日本の経済にもよさそうですけど」

優斗の視界のはしで、七海もうなずいていた。

内側と外側の価値の違い

ボスの回答は明快だった。

「自分たちの集団の内側と外側を区別して考えなあかん」

「内側と外側？」

優斗と七海の声が重なった。

「そうや。内側と外側や」

ボスはゆっくりと説明を始めた。

「まず、優斗くんのご両親が売っているトンカツを想像してみよか。同じトンカツを売るなら、1800円と2500円、どっちのほうがいいと思う？」

「そりゃ2500円に決まっていますよ」

「半分、正解や。その答えが正しいのは、外側に売る場合だけなんや」

「外側ってなんですか？　トンカツの外側？」

「ちゃうちゃう、家族という集団の外側や。優斗くんの家族が、その外側にいるお客さんにトンカツを売るなら、１８００円よりも２５００円のほうがいい。家族のお金が７００円増えるからや。ほな、内側にいる優斗くんがトンカツを食べる場合はどうやろうか？」

「どっちの値段でも嫌ですよ。なんで、家族にお金払わなきゃいけないんですか」

本当に親がお金を要求してきたら、嫌というよりも悲しくなる。

「それは当然の反応やな。家族の中でお金はとらへん。仮にお金をとっても、家族全体のお金は増えへん。家族という集団の幸せのためには、高く売ることよりも、おいしいトンカツを作ることが大事や。これが外側と内側の違いや。土地の場合も同じなんや」

同じというのは、いったいどこが同じなのだろうか。優斗が考え込んでいると、七海がかわりに話を続けた。

「土地の値段が安くても高くても、日本の内側で取引をしている限りは、日本全体のお金の量は変わらないということですね。土地が安くなれば売る人は困りますが、買う人はうれしいですもんね」

「そうなんや。日本にとって高い値段になってうれしいのは、外側にある外国に売るときだけや。１８００兆円のものが２５００兆円で売れたら、７００兆円多く手に入る。せやけど、そんなことしたら自分たちが住むところがなくなってしまうんや」

「おっしゃるとおりですね。日本全体のことを考えるなら、値段よりも住みやすくなることのほうがよほど重要ですね。よく考えると当たり前のことではありますが」

「お金に目がくらむと、その当たり前を忘れてしまうんや。土地だけやないで。株でもなんでも同じや。全体を考えれば、値段自体が上がることには大した意味はない。それよりも、未来の幸せにつながる社会の蓄積を増やすことのほうが重要や」

ランチのときに七海が話していたとおりだった。ボスは社会全体の視点で未来を見つめていた。

奪い合うお金と共有する未来

暮れかけた太陽が、ボスの顔の左半分をほんのり赤く染めている。彼は最後に、今日1日の話をまとめた。

「お金を増やすこと自体を目的にすると、ただの奪い合いになる。共有することはでけへん。僕らが確実に共有するのは未来なんや」

1日かけて、長い旅をしたような感覚だった。お金を貯めることから出発した話が、未来を考える話にたどり着いた。

「年金の問題も同じ話ですね」

と七海が話し始める。

「私たちは、少子化で働く人が少なくなる未来を共有しているわけですね。1人ひとりがお金を増やすことよりも、少ない人数で効率よく仕事を回せるようにしたり、子どもを育てやすい社会にすることを考えないといけないですね」

「自分のお金を増やすことを否定するわけやない。せやけど、それだけ考えていてもあかんのや。共有する未来をいっしょに考える必要があるんや」

ボスはそう言うが、優斗にはその実現方法がピンと来なかった。

「意味はわかりますよ。だけど、そこまで考えるのって難しいですよ」

すると、口元と目元に笑みを浮かべて、ボスが提案してきた。

「何も難しく考えることはあらへんで。駿河庵《するがあん》のおばちゃんに聞いたらええわ」

「へっ？　何のことですか？」

急に出てきた名前に、優斗の声が裏返った。

「おばちゃんはまけてくれたんやろ？　彼女だってお金は欲しいはずやで。せやけど、優斗くんとお金を奪い合っても意味ないと思っているから、200円にまけられるんや」

「値段は安いほうがいいってことですか？」

「そういう話やない。値切って安く買おうとするのも、客に高く売りつけることだけ考えるのも、お金の奪い合いや。共有できることは他にある。少なくともおばちゃんは、君がおいしくどら焼きを食べる未来を共有してくれていると思うで」

優斗は箱の中に1つだけ残ったどら焼きを見つめながら、その言葉の意味を考えた。

家族や近所の人たち、部活の仲間だって、未来の幸せや目的を共有している。たしかに、お金は奪い合うことになる。だけど、共有する未来をいっしょに思い描ければ、協力することはできそうだ。

「さて」

いつのまにか、ボスは窓際《まどぎわ》に立って、こちらを見ていた。部屋に差し込む夕日が、彼の輪《りん》郭《かく》を浮かび上がらせている。

「これで、3つの謎《なぞ》はすべて解けたで。君らもお金の正体が見えてきたはずや。この建物の価値もあてられるやろ」

ボスの約束を優斗は思い出した。価値をあてられたら、この屋敷をもらえる。しかし、自分なんかが答えるのは場違《ばち》い《が》な気がしてならなかった。

七海が答えるまでの間、沈黙《ちんもく》が続いた。時計の秒針が10回ほど音を立てた。

「まさに、ついさっき話してくださったことですよね。値段ではなくて、使用価値を聞かれているのだと思っています」

「というと、ここに住んだらどれだけ幸せかということかな」

ボスの試すような目を、七海の澄《す》んだ瞳《ひとみ》が見つめ返す。

「もちろん、居住する価値もあるかもしれませんが、それ以上に価値があるのは、こちらの研究所でどんな活動をしていて、どんな未来を生み出そうとしているのかということですよね。おそらく、その価値を高く評価できる人、その価値を高められる人に、研究所ごと任せたくて、財産を継いでもらいたいという話なのかと思いました」

「ワッハッハッハッハ」

ボスは大声で笑うと、肯定《こうてい》とも否定ともつかない返事をした。

「買い被《かぶ》りすぎや。僕はそんな大層なこと考えてへんで。でもまあ、せっかくやから、その価値を測ってもらいたいかな。年明けにでも、研究所の活動を紹介するわ。七海さんだけやなくて、もちろん優斗くんもやで」

優斗は、ボスのこういうところが好きだった。中学2年生の自分を大人の七海と同じように扱ってくれる。その一方で、自分の考えがまだ幼いことはわかっていた。せめて高校生だったら、もっとまともな受け答えができただろうに、と残念にも思う。

しかし、あせる必要もない。高校生や大学生になってから、またボスと話せばいい。このときは、ボスとの時間がこれからもずっと続くものだと疑っていなかった。

第3章のまとめ

- ☑ みんなでお金を貯めることは、将来の備えにならない
- ☑ 年金問題を解決するには、少子化を食い止めたり、生産効率を上げる必要がある
- ☑ お金は移動しているだけで、全体のお金は増減しない
- ☑ 未来に向けて蓄えられるのは、社会基盤や生産設備、技術や制度など
- ☑ 全体にとって大事なのは、値段よりも使用価値を上げること
- ☑ お金は奪い合うことしかできないが、未来は共有できる

第4章

格差の謎《なぞ》
「退治する悪党は存在しない」

「うわっ、なつかしい」

高校2年生の優斗は、思わず声をもらした。

ボスの部屋に入るのは、実に3年ぶりだ。部屋の空気を鼻から大きく吸い込んだが、洋酒の匂いはもう残っていなかった。

「彼の部屋は、そのままにしています」

あとから部屋に入ってきた年配の女性が、そっと話しかけてきた。

その言葉にうながされるように、優斗は本棚に視線を移した。たしかに、当時のままだった。ブランデーボトルのほかにも、帆船の模型、外国の打楽器など、見覚えのある品物が並んでいた。しかし、1つ下の段を見て、切ない気持ちになった。

ラクダの置き時計が、すっかりホコリをかぶって、時を刻むのをあきらめていた。とぼけたラクダの顔は持ち主に似ていて、ボスが「僕の分身や」と言っていたことを思い出した。

「佐久間さんは、あのときまだ、中学生でしたよね。ずいぶん背が伸びましたね」

彼女は、優斗を見上げて目を細めた。

「はい。副所長とお会いしたのは中学2年の1月だったと思います。この部屋を最後に訪れた日でした」

優斗は今でも、彼女のことを副所長と呼んでいる。非常に丁寧《ていねい》な言葉遣《ことばづか》いの副所長は、中学生のときから、優斗を佐久間さんと呼んでくれていた。彼女は、ボスとは真逆で、常に落ち着き払って振《ふ》る舞《ま》う人物だった。

イスの1つに腰掛《こしか》けて、彼女はつぶやいた。

「もう3年も経《た》つんですね……」

優斗もイスに腰を下ろす。座面の沈みこむ感触は3年前と変わらなかった。中学生のとき、この部屋に何度も来て、ボスのお金の講義を聞いた。どれもが、社会の見え方を変えてくれる話だった。

だけど、ただ話を聞いただけなら、自分の行動はここまで変わらなかったと優斗は思う。あのとき、彼と1つの約束を交《か》わした。そして、手紙を託《たく》されたのだった。そのことを思い出しながら、優斗は自分の思いを副所長に伝えた。

「3年前、強く感じたんです。ボスは本気で生きているんだなって。だから僕も目標を見つけて本気で生きなきゃいけないって考えるようになったんです」

「そうだったのですね……きっと、先ほどのご提案にもつながっているのでしょうね」

彼女の言うとおりだった。最近になって、優斗にも自分のやりたいことがわかってきた。

「はい。地域のつながりを深める活動をしたいと思っていて」

その考えがあったから、ここにやってきて、今しがた提案したのだ。しょせんは高校生の思いつきだし、現実的ではないと言われるかもしれない。副所長の目にどう映るのか、不安だった。しかし、それは無用な心配に終わったようだった。

「たいへん興味深いです。この場に彼がいれば、きっと同じ意見だったはずです」

「ほ、本当ですか」

「ええ。もう少し詳しくお聞きしてもよろしいかしら。佐久間さんはこの洋館を具体的にどうなさるおつもりなの？」

優斗は、文字どおり前のめりになった。そして、熱のこもった目で副所長を見つめた。

「いろいろあります。まずは研究所の周りの塀を壊したいです。せっかくの庭園なので、みんなも使えるようにしたいんです」

3年前のあの日、ボスは研究所の活動について紹介してくれた。そのときから、庭園をおおい隠す塀のことは気になっていた。

ボスとエンジェル投資

それは、中学2年の3学期が始まって間もない金曜日の午後だった。「年明けにでも、研究所の活動を紹介する」というボスの言葉を楽しみに、優斗と七海は研究所を訪れた。

ところが、まだ先約が終わっていないらしく、2人は研究所の廊下で、しばらく待たされることになった。

――「人を切らなあかんわ」

ボスの部屋から聞こえてきたセリフに優斗は耳を疑った。

扉のすぐ近くに移動して、耳をそばだてる。事業がもうからないのなら、従業員を減らしたほうがいいとボスは言っていた。それはどこかの会社へのアドバイスのようだった。

優斗は心底がっかりした。結局は、ボスもお金がいちばん大事なのだ。

約束の時間から10分ほど過ぎて、ようやく扉が開いた。

「君らには、期待しているで」

ボスの明るい声とともに、中から若い男女が出てきた。

優斗たちは、彼らと軽く会釈《えしゃく》を交わして、入れ替わるように部屋の中へと入って行った。

「すまんすまん。待たせてもうたな」

拝むような仕草をするボスは、少しやせたようにも見える。

それぞれがイスに座ると、甘い香りとともに、焼き菓子と紅茶が運ばれてきた。いつもなら、時間差で洋酒の香りが漂《ただよ》うのだが、この日はそうではなかった。

「今日は、この研究所で作っている未来の話をしたいんや」

ボスのセリフに、優斗は白けてあくびが出そうになる。ボスにとって大事なのは未来よりもお金だろうと思ったからだ。

優斗が右手で口元をおさえていると、七海が興味深そうにたずねた。

「先ほどいらっしゃっていたおふたりは、若そうでしたけど、彼らにエンジェル投資されてらっしゃるんですか？」

「ようわかったな。彼らは大学を休学して会社を始めたんや。僕がそのエンジェルや」

ボスの返事を直訳すると、僕がその天使や、という謎《なぞ》の文章になるが、違う意味で使われていることは、優斗にも察《さっ》しがついた。

「エンジェル投資って、いったい何なんですか？」

不思議がる優斗に、七海が真珠のピアスを揺らして教えてくれた。

「新しい会社には収入がないから、エンジェルと呼ばれる投資家が、株をもらうかわりに資金を提供してあげるのよ。それをエンジェル投資と呼ぶの」

彼女の話によると、ただお金を出すだけでなく、経営に関するアドバイスをしたり、有益な人脈を紹介したり、さまざまな形でサポートすることもあるそうだ。

せっかく説明してくれたのだが、肝心の株について、優斗は十分理解できていなかった。素朴《そぼく》な疑問が、口からついて出る。

「株って、よく聞くんですけど、それをもらうと、ボスは何かいいことあるんですか？」

「株を持つってのは、会社を部分的に所有することや。僕は、株を2割持っているから、将来、会社が100億円もうけたら、その2割の20億円は僕のものになる。そのかわり、会社がつぶれたら、出したお金は返ってこないんやけどな」

ボスはそう言うと、笑ってみせた。

スケールの大きさに仰天《ぎょうてん》した優斗は、「20億なんてすごい」と言おうとして、口を開いた。ところが、出てきたのは別の言葉だった。

投資と世界の格差

「ずるいですよ」

口から飛び出た言葉に誰よりも驚いたのは、優斗自身だった。

でも、それが本心だったのだと思う。

20億円という金額は、たしかにすごいし、うらやましいとも感じる。トンカツを1食売ったところで、せいぜいもうけは数百円。優斗の両親がどんなに働いたところで、20億円なんて絶対に稼《かせ》げるはずがない。

「すごい」と言ってしまうと、両親を否定することになる。決して両親がなまけているわけではない。そこには、どうにもならない格差が存在している。

その格差を埋めるために、将来たくさん稼《かせ》ぎたいと優斗は思っていた。だからこそ、担任にも以前、「年収の高い仕事がいいです」と言ってしまったのだ。

急にポンと出てきた「ずるい」という言葉には、これまで積み重なったいろんな感情が押し込められていた。そして、つまっていた栓《せん》が抜けたように、他の言葉も流れ出た。

「だって、働かなくても投資で稼《かせ》げちゃうんでしょ。ずるいですよ。お金持ちは、投資でどんどんお金を増やせるけど、うちみたいな家はどんなにがんばっても、投資に回すお金なんてないし」

目頭《めがしら》が熱くなるのを感じた優斗は、うつむいたまま話し続けた。

「お金がある人は、えらそうなこと言えるからいいですよね」

そこまで口にして、ようやく我に返った。ボスを責めてもしょうがない。一線を越えた発言を後悔して、優斗はおそるおそる顔を上げた。

ところが、ボスは優しくほほえんでいた。そして、ひとつうなずいてから、こう言った。

「僕は、格差の問題にはきちんと向き合いたいと思っている。優斗くんには、特にその話をしたいと思っていたんや」

どうして「特に」なのか、このときはわからなかった。それでも、とってつけた言い訳には聞こえなかった。彼の表情からそれだけの真剣さが伝わってきたのだ。

優斗が返す言葉を探していると、七海がこんな話を始めた。

「働くよりも投資するほうがお金を増やせるから、格差が広がり続けていると本で読んだことがあります。世界中の人を資産額で並べると、バス1台に乗る人数の大富豪が、下半分の36億人と同じだけの資産を保有しているそうです」

「えー、そんなにあるんですか⁉」

気まずさを隠すために、優斗は目を丸くして、おおげさに驚いてみせた。

「そうなの。今の格差は、フランス革命前夜と同じくらいまで広がっていると言う人もいるのよ」

フランス革命は、優斗も聞いたことがある。貧しい国民を厳しい税金で苦しめていた王室が革命によって倒された。国王と王妃《おうひ》のマリー・アントワネットが処刑《しょけい》された話は有名だ。

ところが、ボスの意見は違うようだった。

「なんや。バスに乗る大富豪がみんな悪者みたいやな。フランス革命のころと同じくらいの格差やと思っている人は、お金しか見てへん。格差はずっと縮んでいると僕は思うで」

七海はいぶかしげな目を向けたが、ボスは嘘《うそ》をついてごまかす人ではない。その話の続きが、優斗は気になった。

お金の格差と暮らしの格差

「たしかに、稼《かせ》いでいる所得や持っている資産の格差は広がっているかもしれん。せやけど、大事なのは、暮らしぶりやと僕は思うんや」

ボスの言葉に、優斗は首をかしげる。お金があれば、欲しいものが買えるし、暮らしは良くなるはずだ。

「お金の格差も暮らしの格差も同じじゃないですか」

ボスは少し考えてから、優斗に聞いてきた。

「優斗くんの家にはテレビはあるやろ？」

「そりゃ、ありますよ」

優斗の家には、2階の食卓に家族用のテレビがあるし、1階の店舗《てんぽ》にも、寄贈された大型のテレビがある。

「だけど、僕はあんまり見ないです。スマホで動画を観ることが多いんで」

「今は、そういう時代やな。昔は、白黒テレビは超高級品やった。サラリーマンの給料数年分の価格やったんや。せやから、僕が小さいころは、テレビなんて金持ちの家にしかなかった。今でも僕は小さいんやけどな。ワッハッハッハ」

ボスの自虐的《じぎゃくてき》なセリフに、優斗は笑いを押し殺して聞き返す。

「スマホもない時代に、テレビもなかったらヒマじゃないんですか」

「大人はラジオを聴《き》いたり新聞を読んだりしとったわ。僕ら庶民《しょみん》の子どもは、外で泥《どろ》んこになって遊んでいたもんや。娯楽《ごらく》といえば、駄菓子《だがし》でも食べながら、『黄金バット』の紙芝居《かみしばい》を観ることやった」

「へえ。そんな時代があったんですね」

優斗は紙芝居を見つめる子どものボスを想像してほほえましく思った。それと同時にテレビと紙芝居の格差に唖然《あぜん》とした。

「庶民《しょみん》と金持ちで、かなりの生活の格差があった時代や。時が経って、庶民《しょみん》にとっての紙芝居はスマホに替わった。ほな、今のお金持ちが使っているものは何や？」

「目の前の大金持ちはスマホを使っていますよ」

「ご名答やな」

と言って、ボスはポケットからスマホを出した。そのスマホケースは黒くてシンプルで、優斗のケースよりも地味だった。

「僕は小金持ち程度やけど、大金持ちが使うのもスマホや。彼らも検索エンジンで調べ物して、SNSを使う。昔と違って情報の格差はほとんどあらへん。ネット通販も格差を減らしているやろう。使用人がいなくても家まで運んでもらえるのは、庶民《しょみん》も大富豪も同じや。それに、どこにいても同じ物が手に入る。その意味では、地域格差は減っているやろな」

優斗は部屋の中を見回した。この部屋にあるビリヤード台にしても、本棚に並ぶ分厚《ぶあつ》い本にしても、自分の家にはないものだが、ビリヤードが貴族の遊びというわけではないし、図書館に行けば大体の本は読むことができる。現代社会において、フランス革命のときほどの暮らしの格差があるとは言えないというのも、わからなくもない。

「それと、もう1つあるんや」

もったいぶった顔をしたボスは人差し指を立てて聞いてきた。

「今の僕の話には、もう1つ大事な事実が隠されていたんや。それには気づいたやろか」

格差を減らす大富豪

　ボスは新しい紅茶を2人についでから、ヒントを出した。

「さっきの僕の話に出てきた会社には、共通点があったんや。スマホの会社、検索エンジンの会社、ＳＮＳの会社、ネット通販の会社」

　やがて、答えがわかったと言わんばかりに、七海がツヤのある茶色い髪をかきあげた。

「どの会社の創業者も、さっきお話しした1台のバスに乗っている大富豪ですね」

「いやあ、大正解やな」

　とボスは笑顔を見せた。喜びながらも、答えられた悔しさをにじませるところに、彼らしさを感じる。

「みんなを等しく便利にした会社の創業者が、結果的に大金持ちになったんや」

　ボスの説明に、七海がため息をつく。

「そういうことでしたか。格差を縮めるサービスを提供しているのに、お金持ちだという事実だけが切り出されていたんですね」

「もちろん、金銭的な格差も小さいほうがええで。せやけど、その中身を見ないでむやみに批判するのはあかん。自分の立場を利用してずるくもうけるお金持ちと、みんなの抱《かか》える問題を解決してくれたお金持ちとでは意味が違うんや」

会社がみんなの問題を解決しているという事実に、改めて気づかされる。優斗はあの2人のことが気になった。

「エンジェル投資、でしたっけ？　ボスがその投資をしているさっきの会社は、どんな問題を解決しているんですか？」

「学習支援ＡＩの開発や。実現すれば、地方でも安くて質の高い教育が受けられるようになるやろな。未来への蓄積のためにも、暮らしを良くする会社が増えんとあかん。そういう会社が軌道《きどう》に乗るまで、僕は投資によって支えたいんや」

しかし、そのボスの想いを、優斗は素直に受け取れなかった。

「でも、お金もうけも大事なんですよね？　廊下で待っているときに、聞こえてきましたよ。もうからないなら働く人を減らしたほうがいいって」

優斗の突きつけた証拠に、「そうやで」と肯定したボスは、ひるむどころか胸を張って、言い切った。

「もうからない投資は、社会への罪や」

ボスのその表情からは、ただならぬ覚悟が伝わってきた。

若い時間が未来を創る

ボスは学習支援ＡＩへの投資を例に、投資の真髄《しんずい》を語り始めた。

「彼らの会社には、僕や他の投資家が3億円を投資しているんや。投資に失敗してお金を損するのは僕ら投資家だけの話。その3億円は事業のために働いてくれた人たちに支払われていて、世の中のお金の量は減らへん。社会にとってお金は損失にはならんのや」

優斗は、ビリヤードの話を思い出した。

「払ったお金は、必ず誰かが受け取っているんですよね」

「そうや。社会にとってお金はもったいなくない。もったいないのはみんなの労働や。ムダに人材を使うことが社会への罪なんや」

ボスの言葉には熱がこもっていた。

投資した3億円は、会社で働く研究者や、会社で購入する設備を作る人たちに支払われる。総額3億円分の労働が投入されることになる。その金額以上に稼《かせ》げなければ、彼らの労働が、人々に十分な価値を提供できなかったということだ。

そして、ボスは断言した。

「もうかる見込《みこ》みがないなら、働いてもらうべきやない」

働いてくれた研究者が他の研究をしていたほうが、世の中に役立つかもしれないというのが、その理由だった。実際にＡＩの会社で雇《やと》っているような研究者や技術者は、いくらでも次の仕事が見つかるらしい。

うつむいて話を聞いていた七海が顔を上げた。

「投資の目的は、お金を増やすことだとばかり思っていました。そこまで社会のことを考えていませんでした。大切なのは、どんな社会にしたいのかってことなんですね」

苦笑いで恥ずかしさを隠す彼女に、ボスが優しく声をかける。

「そう思ってくれたんやったら、僕も話した甲斐《かい》があったわ。株価が上がるか下がるかをあてて喜んでいる間は、投資家としては三流や。それに、投資しているのはお金だけやない。さっきの２人は、もっと大事なものを投資しているんや」

ボスは七海と優斗を順に見つめてから、ゆっくりと続けた。

「それは、彼らの若い時間や」

優斗の息がつまった。

ボスの言葉に、心臓を強く握られた気がした。自分も全力で何かに取り組めるのだろうかと不安になる。そして、情熱をかける目標を見つけている彼らを、うらやましく思った。

お金の向こう研究所

いっきに紅茶を飲み干したボスは、勢いよくイスから立ち上がった。

「よっしゃ。研究所の中を紹介しよか」

ボスの提案に、優斗のテンションが上がる。トイレを借りるたびに、広い屋敷をこっそり探検したい誘惑にかられていた。研究所に漂《ただよ》うミステリアスな雰囲気だけでなく、風格のある建物自体にも魅力が感じられる。

赤絨毯《じゅうたん》の敷かれた廊下に出ると、ボスはゆったりとした足取りで歩きながら話し始めた。

「ここは、どこぞの由緒《ゆいしょ》あるお金持ちが住んでいた邸宅《ていたく》やった。それを10年前に買い取って、研究所として使っているんや」

優斗と七海の2人は肩を並べて、すぐ後ろからついていく。まっすぐ伸びる廊下の両側には、時代を感じる扉が10個ほど並んでいた。

そのうちの1つでボスが立ち止まる。

「この部屋で、投資の研究をしているんや」

と言って、重厚な扉を押し開けた。

部屋に入ると、一転して現代的な雰囲気が漂《ただよ》っていた。床《ゆか》も壁も真っ白な部屋には、大きなディスプレイのパソコンが何台も並び、5、6人の研究員たちが画面に向かっている。優斗たちのような来客に慣れているのか、彼らは視線を動かすくらいの反応しか示さなかった。研究員と呼ばれているにもかかわらず、彼らが白衣やスーツではなくカジュアルな服装であることが、優斗には新鮮に映った。

ここでは、投資をする分野の情報収集や、投資先の会社の調査や選定をしていて、ときには、投資先の会社のために人材を探すこともあるらしい。また、その投資によって社会にどのような影響を及《およ》ぼすのかも研究しているそうだ。

次にボスが案内した部屋では、ショートヘアの年配の女性が出てきて説明してくれた。副所長でもある彼女は教育関連のプロジェクトを統括《とうかつ》しているそうだ。主に教育機関への支援や奨学金《しょうがくきん》制度の運営などを行っているという。

「佐久間さんの中学校でも何か支援が必要なことがありましたら、ぜひ教えてくださいね」

と、優斗に対しても低姿勢に話す態度が印象的だった。

1つ目の部屋で稼《かせ》いだお金を、教育を中心としたいくつかのプロジェクトでも使っているとボスは話してくれた。他にも社会に還元《かんげん》できる使い方があるなら、いくらでもお金を使いたいとも言っていた。

「稼《かせ》ぐことと同じくらい、お金を使うことも難しいんや。使い方をよう考えへんと、これもまた労働のムダづかいになってしまうからな」

まさに「お金の向こう研究所」という名前のとおり、お金の向こう側を考えながら、お金を稼《かせ》ぎ、お金を使っているのだった。

他にも、会議室や書庫などを案内したあとで、

「2階に行って一息入れようか」

とボスは階段を昇《のぼ》り始めた。

2人もそのあとをついていく。階段には絨毯《じゅうたん》は敷かれておらず、七海のヒールがコツコツと音を鳴らした。

正面の部屋の扉は取り払われていて、誰もが自由に出入りできるようだ。研究員たちが休憩したり談話したりできるスペースらしく、シンプルなデザインのテーブルセットが3つほど置かれている。

部屋の真ん中まですすんだ優斗は思わず息を呑《の》んだ。

開放感のある窓からは、手入れの行き届いた立派な庭園を見下ろせる。冬でも青々とした芝生《しばふ》や、夏なら足をつけたくなるような澄《す》み切った池。多種多様な樹木も植えられていて、今の季節は寒椿《かんつばき》がピンクの花を咲かせていた。

ただ、これだけの立派な庭がありながら、高い塀によって外からは見えないのは少し残念な気がした。

階段で息を切らしたボスが自動販売機のボタンを押すと、ペットボトルの水が出てきた。すべてが無料で飲めるそうだ。

彼は近くにあったイスに腰掛けて、その水を一口飲む。

「なかなか立派な庭やろ。この建物も庭も両方とも気に入っているんや。できればこのまま残したいんやけどな……」

ボスの顔がかげりを見せる。

「引《ひ》っ越《こ》しでもするんですか」

優斗の問いかけに、ボスはしばらく黙って庭を眺《なが》めていた。

「リモートで働く人も増えてきたし、もうちょいせまくてもいいかと思っているんや」

更地《さらち》にすればすぐに土地の買い手はつくらしいが、使用価値の最大化を考えるボスは、それを避《さ》けたいようだった。建物を有効利用できるなら、建物ごと寄付しても構わないそうだ。そういうアイディアがあれば、いつでも教えてほしいとも言っていた。

研究所の価値を高められる人に財産を継がせたいのではないか、という前回の七海の予想はおおむね正しいと言えるだろう。彼は、屋敷もお金も自分のために使おうとはしていなかった。

ただし、後継者を探しているわけではなさそうだ。ボス1人が気ままに、研究所を運営しているわけではなく、多くの人が社会への責任を感じながらここで働いている。副所長にしても、教育への強い想いを持っているのが伝わってきた。

だとすると、ボスの目的は何なのだろうか。

社会のしくみを2人にただ伝えたいというだけで、こんなに多くの時間を使うとは思えない。研究所のスタッフが休んでいる年末に、わざわざ2人を招き入れたことも不可解だ。

もう1つ気になったことがある。1階を案内していたボスが、ぽろっとこぼした言葉だ。

「優斗くんの言うように、働かないでもうけるのはずるいのかもな。でも、僕はそのお金を社会に還元しようと思っている。過去への罪滅《つみほろ》ぼしみたいなもんや」

この罪滅ぼしが、実はボスの目的にも関係するのだが、このときはまだわからなかった。

ボスについてはまだ謎《なぞ》が残っていたが、彼と過ごす時間には、社会の謎《なぞ》を明らかにしていく高揚感《こうようかん》があった。

投資と消費のお金が選ぶ未来

庭を見渡すその部屋で、優斗と七海が同じテーブルの席に着くと、ボスはふたたび投資について語り出した。

「投資ってのは、未来への提案なんや。こういう製品やサービスがあったら未来は良くなるんちゃうかとみんなに提案しているんや」

どんな未来になってほしいのか、優斗は想像してみる。どんな病気でも治す薬ができれば病気で苦しむ人はいなくなるし、安全で快適なら宇宙旅行にも行ってみたい。いつのまにか、優斗の頭の中にある投資のイメージが変わっていた。

格差を作るものから、未来を創るものになっていたのだ。

「そして、その未来を選んでいるのは僕たち1人ひとりなんや」

続けてボスはそう説明してくれたが、優斗には納得がいかない。

「選ばせてもらったことなんてないですよ」

「そんなことはあらへん。必ず選んでいるで。優斗くんはお金を使うやろ。いちばん最近買ったもんは何や?」

「昨日、コンビニで肉まんを買いましたけど……」

「それや、それ。そういう消費活動が、未来への投票になるんや。肉まんは人気投票の上位やで。せやから、冬になると、どこのコンビニでも肉まんが売られる。消費によって流れるお金が未来を選ぶんや。21世紀に入って、情報技術が急激に発達したのがいい例やで」

「急激って、そんなに変わったんですか？」

「2000年のころなんて、スマホもＷｉ－Ｆｉもあらへん。インターネット接続ってのは、家の電話回線をつなげることやった。パソコンから、電話番号を押す音が聞こえたんやで」

「えっ、マジですか」

今とあまりにも違いすぎて、にわかには信じられない。

「大マジや。情報技術はものすごい勢いで発達したんや。それは、情報技術を使った商品やサービスにみんながごっついお金を使ったからやで」

流れるお金の量が多いほど、多くの人が働いていることを意味している。投資や消費のお金をどこに流すのかによって、社会の中でどんな仕事が必要なのか、どんな人材が必要なのかという配分が決まる。

もし情報技術ではない別の分野にお金が流れていたら、違う現在を生きていただろう。自然環境《かんきょう》を守る技術が発達したかもしれないし、軍事技術が発達した恐ろしい世界になっていたかもしれない。投資によってできるのは、あくまでも未来の提案でしかなく、その中からどの未来を選ぶのかは、消費をするみんなの価値観に委《ゆだ》ねられている。ボスは力説した。

「1人ひとりの行動は小さくても、積み重なると大きな流れになる。これは、格差の話でも同じや。1人ひとりの行動が格差を作ることもあるんやで」

話題の中心は、未来からふたたび格差の話へと移っていった。格差について話したかったというのは、ボスの本心なのだろうと優斗は思った。

格差を作る犯人

七海の茶色い瞳《ひとみ》が、ボスに向けられた。

「私たちが格差を作っているということでしょうか？」

ボスは小さくうなずいて、ペットボトルの水を2人の前に掲《かか》げた。

「地球を循環《じゅんかん》する水を想像したらええわ。お金が水で、財布は水たまり。そして、水を流すのは僕ら1人ひとりや。僕が優斗くんの家でトンカツを食べたら、水はどこに流れるやろか？」

優斗は、川や滝《たき》のように水が次々と流れていく様子を想像した。

「まずは、ボスの水たまりから、うちの水たまりに流れてきますよね。その水は豚肉を売っているお肉屋さんとか、お米屋さんにも流れて、さらに農家とかにも流れますけど……それであってます？」

「そんな感じや。トンカツを食べても、電車に乗っても、映画を見ても、いろんなところに水が流れる。みんなの財布から水が流れるうちに、水のたまりやすいところは湖みたいに広くなるし、水の流れへんところは干上《ひあ》がってしまう。格差はそうやって広がるんや」

優斗は、「そういえば」と、あることを思い出した。

「うちの親は、『なるべく商店街で買い物するように』って言ってきます。本は必ず近所の書店で買うし、多少値段が高くても、切れた電球は商店街の電器屋さんで買っているし」

正確には、なるべくトンカツ屋のお客さんのお店から買うように、とも言われていたのだが、そこまで話すのは恥ずかしかった。

ほお、とボスは感心していた。

「地元の結びつきが強いから、そういう発想ができるんやろうな。地元でお金を使えば、地域経済が活性化する。その逆をすれば、お金が外に流れていって、地域全体が沈んでしまうねん。そうやって地方と都会の格差は広がっていくんや」

静かに話を聞いていた七海の口から「しまった」と吐息《といき》がもれた。

優斗の視線に気づいた彼女は恥ずかしそうにして言った。

「ほら、バスの話が出てくる格差の本ね。ネット通販のＡｍａｚｏｎで買ったの。その創業者のジェフ・ベゾスって人が世界有数の大富豪なのよ。格差を批判していた私自身が、格差を広げる犯人だったのね……私も地元の本屋さんを使わないといけないわよね」

反省する七海を、ボスがかばう。

「ネット通販を使うのは悪いことやないで。仕事が忙しかったり、小さい子どもがおったりする人には大助かりや。その便利なサービスを提供する会社ももちろん悪者やない。しかし、結果として、街の書店の売上が減少して、店も減っているのは事実や。自分の行動の影響を理解した上で選択《せんたく》することが大切なんや」

ボスはひとつ咳払《せきばら》いをしてから、話を続けた。

「問題なのは、『社会が悪い』と思うことや。社会という悪の組織のせいにして、自分がその社会を作っていることを忘れていることが、いちばんタチが悪い」

七海が腕《うで》を組んで考え込む。

「問題が存在していても、悪者はいないんですね……」

「悪者がいるなら、話はごっつい簡単や。フランス革命みたいに、悪さをする王様を倒せばいい。しかし、どこかに大悪党がいるわけやない」

「そうすると、格差はどうにもならないということでしょうか？」

「干上がった場所に潤《うるお》いを与えるには、他にも方法があるで」

ボスは窓のほうへ目をやると、視線を上に動かした。空には筋状の雲が浮かんでいた。

再分配の雨

「雨……ですか」

七海がたずねるようにつぶやいた。

「そうや、雨を降らすんや。雨雲を作るためには、まずお金を蒸発させせんとあかん」

そう言い放つボスに、優斗はすかさずつっこみを入れる。

「いやいや、お金は蒸発しないですから」

「ものの例えやで。僕がトンカツを食べて、優斗くんのお店の水たまりに1100円流れるとき、100円は消費税として蒸発して、政府の雨雲に吸収されるんや」

「なんだ。蒸発って税金のことか。消費税とか、僕みたいな子どもにはきついですよ」

優斗がぼやいていると、七海が肩をすくめてわざとらしくため息をついた。

「そんなのまだマシよ。社会人になると、いろんな税金を払わないといけないんだから。社会保険料も増えているし、働いて稼《かせ》いだお金の半分近くが蒸発しちゃうのよ」

「半分って。年貢《ねんぐ》じゃん、それ」

鍬《くわ》を持って田畑を耕す農民の姿が、優斗の頭にちらついた。歴史の授業で聞いた五公五民の世界だ。江戸時代の農民は、どんなに汗を流して働いても、半分は年貢として納めないといけなかった。彼らと同じ将来が待っていると思うと、優斗は物悲しくなった。

「なんや、なんや。君たち」

とボスが苦笑いをする。

「まるで税金が悪者やな。年貢みたいに領主に召しあげられるわけやないで。貴族が庶民《しょみん》から搾取していたフランス革命の話とはまったく違うんや。その税金が雨を降らして再分配しているんやで」

「配ってもらったことなんてないですけど。そんな雨、降ってます?」

「ぎょうさん降っているで。高齢者に払う年金の一部や生活の苦しい人に支給する生活保護、子育て世帯に支払うお金なんかは直接降り注いでいるんやで。医療費《いりょうひ》や教育費を肩代《かたが》わりするみたいに、間接的に支払われるものもあるんや」

「じゃあ、僕もその雨を浴びているってことか……」

学生の自分のために払われるお金に比べれば、支払っている消費税なんてずっと少ない。

自分勝手な不満をもらしていたことに優斗は気づいた。

さらに、ボスは続けた。

「公務員の給料や公共事業に払われるお金も格差を減らすんや。たとえば、警察官が十分いるから、みんな安心して暮らせる。治安の悪い外国やったら、ボディガードを雇えるお金持ちしか、身の安全を守られへんところもある」

他にも図書館や公園や道路などの公共施設は誰もが等しく利用できるし、公共サービスによって得られる生活の豊かさには格差がないとボスは説明してくれた。

「だったら、高校までがタダとかケチくさいこと言わないで、大学もタダにしてくれればいいのに」

優斗は口をとがらせながら、両親の顔を思い浮かべていた。2人が学費の工面について話している声が、食卓から聞こえてきたことがある。兄が大学に合格したら、4月から学費が相当かかるらしい。

「私も個人的には賛成だけど、でも難しいわよ」

と七海が遠慮《えんりょ》がちに言った。

「どうしてですか。タダのほうがよくないですか？」

「行きたい人にとってはいいわよ。でも、大学に行かない人は、それよりも税金下げてほしいって思うんじゃない？　フランスは大学まで無料なんだけど、税金が高くて、働いても3割くらいしか手元に残らないってフランス人の友達が嘆《なげ》いていたわ」

ボスも、何にでもお金を使うことには慎重《しんちょう》だった。

「政府の支出には、消費による投票が行われへん。みんなが使わへん公共施設や公共サービスが残り続ける可能性があるんや」

「税金のムダづかい……、あっ、労働もムダづかいってことか」

優斗の言葉に、ボスは目を細める。

「そこに気づけるとは、なかなか大したもんやな。税金も労働もムダづかいしないために、政府が何にお金を使うのかを、しっかり考えんとあかん。そこで大事なのが……」

そこで言葉を区切ったボスが2人の顔をうかがうと、凛《りん》とした声で七海が返した。

「本物の投票ということですね」

彼女の答えにボスが大きくうなずいた。

「そうや。未来は、みんなで決めているんや。消費や投資によるお金の投票行動だけでは、限界がある。社会全体を取りこぼさんために、選挙による投票が必要や」

前回、未来を共有することが大事だと言っていた。その意味が、優斗にもわかってきた。

ボスの話は、いつも未来に光をあててくれるから、前向きな気持ちになれる。

ところが、優斗とは対照的に、七海はけげんな表情をしていた。

彼女は、姿勢を正してボスに向き合うと、

「ずっと聞きたかったことがあるんです」

と切り出した。

過去の重荷と未来への期待

「過去からの蓄積があるから、私たちの今の生活があると思います。だからこそ、未来を築く責任を感じます。でも、どうしても納得いかないことがあって……」

話しにくそうにする七海に、ボスはすべてを悟《さと》ったような顔をしてほほえみかけた。

「七海さんが聞きたいのは、国の借金のことやな？」

「どうしてわかったんですか」

彼女の開いた目の大きさが、その驚きの強さを表していた。

「日本国債を取引していると言うとったからな。それに、この日本の借金が社会の分断の原因になっていると僕も心配しているんや」

「そうなんです。どうして私たちの世代が、これほどの負担を背負わないといけないんだろうって思ってしまいます」

彼女の話では、僕らは1000兆円以上の借金を背負わされているらしい。優斗も、日本の借金が多いことは知っていたが、その巨額《きょがく》な数字を聞くと他人事《ひとごと》のように感じてしまう。

ボスは彼女に提案した。

「七海さんのわだかまりについては、また次回、じっくり時間をとろうか。未来への期待につながる答えをいっしょに探そうやないか」

「はい！　楽しみにしています」

七海は声を弾ませて言った。

次回は2週間後の1月後半ということになった。

ところが、スケジュールは何度も延期された。ボスの仕事が忙しくて時間がとれないそうだ。優斗はかすかな不安を感じていた。

しかし、2月になり、同居する兄が大学受験の佳境《かきょう》をむかえるころには、ボスのことは頭の隅《すみ》においやられていた。

第4章のまとめ

☑ 金銭的な格差と生活の豊かさの格差は異なる

☑ 格差のない豊かな生活を提供する人々が結果的にお金持ちになっている

☑ 消費と投資のお金の流れによって未来が選ばれる

☑ 投資されたお金自体ではなく、それを受け取って研究開発する人たちが未来を創造する

☑ 1人ひとりの生み出すお金の流れが格差を作っている

☑ 現代において、税金は支配者による搾取ではなく、再分配に使われている

☑ 政府による再分配は、1人ひとりの投票によって決められる

第5章

社会の謎《なぞ》
「未来には贈《ぞう》与《よ》しかできない」

「急だけど、今週末の日曜日になったから、予定空けておいてね」

久しぶりに七海からメッセージが届いたとき、3月も中旬《ちゅうじゅん》になっていた。中2最後の学年末テストが終わり、春休みを待つだけの暖かい日の夜のことだった。

メッセージには、2つのことも書き添《そ》えられていた。1つは、ボスの講義が、彼の研究所ではなく、週末に入院する病院で行われること。もう1つは、入院といっても検査入院なので心配いらないということ。

「了解《りょうかい》です！」と優斗は返信した。

スマホから顔をあげると、部屋の隅に積み上げられた段ボールがまた1つ増えていた。第一志望の大学に無事合格した兄は、さっきから引っ越しの準備をしている。来週から東京で新生活を始める予定だ。

その様子を見つめる優斗の心には、いろんな感情が湧《わ》き上がってきた。1人で部屋を使えるのはうれしい反面、いっしょに暮らす時間もあとわずかだと思うとさびしい気もする。

「ねえ。1人暮らしを始めるって、どんな感じ？」

「そりゃ、楽しみだけどさ。すぐにバイト探さねえとな」

「いいじゃん。バイトだって、楽しそうじゃん」

うらやましがる優斗に、兄は荷造りの手を止めて、あきれた顔を向ける。

「お前さあ、そんな気楽じゃねえよ。大学卒業したら奨学金《しょうがくきん》も返さなきゃいけないし」

「奨学金《しょうがくきん》って借金なの？」

「そうだよ。俺がもらうのは、将来、返さなきゃいけないやつだからな」

「それって、いくらなの？」

「300万円」

「マジかあ……」

その金額に驚いて、優斗は天井を見上げた。

「お前も中途半端《ちゅうとはんぱ》な気持ちで大学行くなよ。親にも負担かけるし。お前と俺、4つしか離れてないから、結構、気を遣《つか》っているんだぜ」

いつもの意味のない冗談だと思って、優斗はつっこみを入れる。

「歳《とし》の差なんて関係ないじゃん」

「全然わかってねーな」

兄は笑いながら、首を振った。

「俺が一度でも、浪人《ろうにん》でも留年でもしてみろよ。お前が大学に入ったとき、俺もまだ大学生だろ。同時に2人の大学生を抱《かか》えるなんて大変だぜ。まあ、お前が大学に行けば、っていう話だけどな」

そう言うと、兄はふたたび荷造りに取りかかった。

優斗は、自分の選択に責任が伴うことが痛いほどわかった。そして、さびしいとか、うらやましいとか、子どもじみた感情しか抱《いだ》かなかったことを恥ずかしく思ったのだった。

将来のツケにならない借金

日曜日の午後、優斗は駅前で七海と待ち合わせてから、バスで病院を訪れた。市内でいちばん大きいその総合病院には、何度かお世話になったことがある。

正面玄関を通り抜けて、「病棟《びょうとう》はこっちですよ」と優斗が案内したとき、七海が急に立ち止まった。

「どうしたんですか」

優斗があわてて声をかける。

七海は下を向いたまま深呼吸をして、すぐに顔をあげた。

「ちょっと立ちくらみしただけ。もう大丈夫」

心配になって、さらに声をかけようとしたが、彼女がふたたび歩き出したので、優斗は黙って後ろをついていくことにした。

5階に上がって面会の受付をすませると、研修中のバッヂをつけた看護師《かんごし》が、ボスの病室の前まで案内してくれた。そのドアは、他の部屋よりも明らかに大きかった。

コン、コン、コンと七海がノックをする。

部屋の中から「どうぞ」という声が聞こえ、彼女はゆっくりとドアをスライドさせた。

広い室内は、ホテルの一室のようだった。ベッドはもちろん、書斎《しょさい》デスクや大型の壁掛《かべか》けテレビ、冷蔵庫も置かれている。応接セットのソファには、パジャマ姿の男性がちょこんと座っていて、こちらを向いていた。

「おお、君たち。よう来てくれたな」

と言って、その男は右手をあげた。いつもと違うパジャマ姿のせいか、ボスが弱々しく見える。

「検査入院とお聞きしましたけど、お体は大丈夫なんですか?」

七海が心配そうな声でたずねながら、ボスと向かい合うソファに腰を下ろした。優斗もその隣に座る。

「ちょっと体調崩しただけやのに、念のために検査入院しろと言われてな。昨日から来ているんや」

彼の話では、前回1月に会って以来、仕事が急に忙しくなって、2人と会う時間も、病院で検査する時間もとれなかったらしい。その説明はもっともらしく聞こえた。

時間を惜《お》しむように、ボスは早々に本題に入った。

「とにかく、学ぶのを止めたらあかん。この前の続きの話をしよか。七海さんはたしか、日本の抱《かか》える借金にわだかまりがあったんやな」

「そうです。借金の話でした。日本政府は1200兆円の借金を抱《かか》えていますから、1人当たり1000万円を負担することになります」

巨額の借金があることは知っていたが、1人当たりの金額を聞いて、優斗にも実感が湧《わ》いてきた。

「1人1000万円もあるの⁉　それ、うちの兄ちゃんの借金どころじゃないじゃん」

七海が不思議そうな顔を優斗に向ける。

「お兄さん、借金してるの？　まだ、学生よね」

「大学行くのに奨学金《しょうがくきん》で300万円借りるって言ってました。それでも相当悩《なや》んでいるのに、そんなに借金があるんですね。でも、僕らが返すわけじゃないんでしょ」

優斗の楽観的な推測を、ボスはあっさり否定した。

「そんなことないで。政府が困ったら、借金返済のために、僕らは税金を取られるかもしれへん。僕らは利益も責任も共有しているからな」

じわじわと優斗は腹が立ってきた。

「どうして、僕たちが昔の借金を返さないといけないんですか」

目の前に座るボスを責めてもしょうがないが、ボスのようにソファに腰を沈めてくつろぐ老人の姿が思い浮かんだ。彼らは、後先考えずに、自分たちの生活だけを考えて借金を積み上げてきた。そして、今ごろ、ほくそ笑んでいるのだろう。借金を返さずに何とか逃《に》げ切ったと。

「自分たちはラクをしておいて、そのツケを将来に回すなんてずるくないですか」

優斗の不満を聞きながら、ボスは「よっこらせ」と立ち上がる。冷蔵庫からペットボトルの麦茶を取り出すと、2人の前に1本ずつ置いた。ボスも同じものを飲んでいた。

「そうか、ずるいと思うんか。それはどうしてなんや?」

いつものパターンだと優斗は思った。彼が当たり前の質問をするときは、間違いなくひっかけ問題だ。だけど、素直に自分の考えを伝えるしかない。

「だって、昔の人たちは税金払わないで、借金してラクをしたわけでしょ。そのせいで、借金を返すときに、僕らがたくさん働いて稼《かせ》がないといけないんですよね」

期待どおりの答えだったのか、ボスはニヤリとした。

「ほお。その話は興味深いな。昔の人たちがラクをしたせいで、未来の人たちが働かされると言うんやな。せやけど、タイムマシンは存在せえへんで」

「なんで、急にタイムマシンの話になるんですか」

「未来の人をここに連れてきて働いてもらえるなら、僕らはラクをして生活できるやろう。せやけど、そんなことは不可能や」

ボスの話もわからなくもない。アフリカ支援の堂本のオフィスでの話を思い出した。過去の蓄積の上に僕らは生活している。逆に未来の人のおかげで生活するなんてできやしない。そうなると借金とは何だろうか。優斗は混乱してきた。

「でも、僕の兄は３００万円分働いて返済しないといけないんですよ。借金をしたら後から働いて返すじゃないですか」

「家庭の借金と国の借金には大きな違いがあるんや」

もったいぶったボスの言い方にもどかしさを感じたが、いつもと変わらない様子に少し安心した。きっと検査入院の結果も問題ないだろうと優斗は思っていた。

内側と外側で働く人々

ボスはまず、質問から始めた。

「2つの借金の違いは、誰が働いているかを考えれば、わかることや。お兄さんは、奨学金《しょうがくきん》で借りたお金を使って、誰に働いてもらうんや?」

「それは、大学の先生とか職員の人たちですよね……」

とりあえず優斗は答えたものの、ボスの質問の意図がまるでわからない。いつものことではあるのだが。

「大学の先生に働いてもらったから、いつかは自分が働いて借金を返済せんとあかん。そのとおりやな。ほな、政府が借金して道路を造ったら、働いているのは誰やろか?」

「それは、道路を建設する人でしょ。だけど、それも同じじゃないですか。働いてもらっているんだから、いつかは働いてお金を返さなきゃいけないわけだし」

その回答に、ボスは笑顔のまま黙《だま》り込《こ》んだ。考え直せという意味だ。

優斗が頭をひねって考えていると、壁際《かべぎわ》に置かれた大きな花瓶《かびん》にふと目がとまった。花瓶《かびん》の中で、大振《おおぶ》りのガーベラが何本も頭を垂れていた。昨日入院したばかりなのにこんなにしおれるのだろうか。

それ以上考えることは、七海の発言によって中断された。

「その違いというのは、内側と外側の違いでしょうか」

ボスの眉《まゆ》がぴくりと動く。

「それはどういう意味やろか？」

「家庭の借金の場合は、家庭の外側の人にお金を払って働いてもらいます。ですが、国が借金をして道路を造る場合は、国の内側にいる人が働いています。つまり、自分たちで働いていますよね」

七海の回答に、ボスが満足そうな表情で応じる。

「よう気づいたな。サクマドルと同じ話や。20サクマドルを支払って、佐久間家の大掃除《おおそうじ》をするとしよか。お父さんが税金を集めるかわりに借金をしても、結局のところ、兄弟の誰かが必ず大掃除をする。ラクできるわけやないんや」

そこまで言われて優斗もようやく理解できた。頭の中で固まっていた老人のイメージが突《とつ》如《じょ》として崩れていく。彼らは決してなまけていたのではない。

自分たちが一生懸命《いっしょうけんめい》働くことで、欲しいものを手に入れてきたのだ。

しかし、まだ疑問が残る。このパズルを解くには、まだ見つかっていないピースが存在していた。

「働かないでサボっていたんじゃないのはわかりましたよ。でも、その莫大《ばくだい》な借金はどうやって返すんですか？」

「心配あらへん。返そうと思えば、働かんでも返すことができる」

ボスの少しくぼんだ目は、確信に満ちていた。

欲しがる預金と拒《こば》む借金

「これまでに政府が借金して使ったお金は、消えたわけやない。道路の建設費用は、建設する人が受け取っているし、毎年政府が支払う20兆円ほどの医療費も、看護師さんやお医者さんが受け取るわけや」

ボスは笑顔で説明してくれたが、いつの話をしているのかと優斗は困惑した。

「最近受け取ったお金なら、使わないで残しているかもしれませんよ。でも、昔に受け取ったお金はとっくに使われていますよ」

「優斗くん、しばらく会わへんうちに、忘れてもうたんか」

ボスはからかうように笑うと、やせた頬《ほお》を触りながら言った。

「お金は水といっしょやで。どれだけ使われても、誰かの水たまりに移動しているだけや。時間が経っても、誰かが相続していて、今も存在しているんや」

優斗は自分の間違いに気づいた。たしかに時間が経っても関係ない。だとすると、政府が使ったお金は誰かが持っている。つまり、借金をした分だけ、みんなのお金が増えているということになるのだろうか。

それについては、七海が詳しかった。

「おっしゃるように、個人や企業《きぎょう》が銀行に預けているお金は１４００兆円以上あります」

「ええところに気づいたわ」

と、ボスは人差し指を振《ふ》り上《あ》げた。そして、預金と借金の関係について話し始めた。

預金とは、お金を保管してもらうことではなく、お金を銀行に貸すことだそうだ。銀行は預金者からお金を借りていて、そのお金をさらに誰かに貸している。

以前も彼が話していたように、お金は移動するだけで増えも減りもしない。預金の増加は、お金自体の増加ではなく、お金の貸し借りの増加を表している。

現在の日本で、預金がそこまで増えているのは、借金が同じように増えているからだという。その主な借り手が政府なのだそうだ。

「都合のいい話やで」

顔をしかめて、ボスはぼやき始めた。

「みんな、上の世代に文句を言うんや。『上の世代の借金なんて自分たちは知らん。なんで背負わんとあかんのや』ってな。それなのに、自分の親からは、お金を相続して当然やと思っている。親も上の世代であることを都合よく忘れているんや」

政府の借金のマイナス分は、個人や企業の預金のプラスとして存在している。お金のプラスマイナスは帳消しになって前の世代から受け継いでいるとボスは説明してくれた。

プラスだけ欲しがって、マイナスをいらないというのは、都合の良すぎる話だ。ボスの話は理にかなっているように聞こえる。しかし、優斗には素直に受け入れられなかった。何か引っかかったまま、うまく説明できずにいた。

同じ世代の中の格差

麦茶の入ったペットボトルに口をつけながら、優斗は病室の中をぼんやりと眺《なが》めた。

広々とした書斎デスクは、光沢のある茶褐色《ちゃかっしょく》の木材でできていて、自分の勉強机とは比べ物にならないほど高そうだ。花瓶《かびん》もベッドも今座っているソファも値が張るものだろう。

唯一、壁掛けテレビだけは、優斗の家にも遜色《そんしょく》のないものがあったが、それは寺だか神社だかから寄贈してもらったものだ。

この部屋に入院できるボスが、いかに裕福《ゆうふく》な人物であるかを改めて実感する。優斗の口から自然と不満がこぼれ落ちた。

「そりゃ、ボスみたいにお金持ちの家に生まれていたらいいですよ。たくさん相続するから。

だけど、うちなんて、そんなお金なんてないし、政府の借金だけ背負わされているようなもんですよ。お金持ちの子はずるいですよ」

引っかかっていたのはこの感情だった。政府の借金と同じだけ預金が増えていると言われても、それが自分とは関係ない話に感じられた。

「そうか、ずるいか。まあ、僕は自分の子どもにはお金は残さへんけどな」

「ボスにも子どもがいるんですか？」

予想外だった。なぜだかボスには家族がいないものだと思っていた。

「ワッハッハッハッハ」

とボスは乾《かわ》いた笑い声をあげて、話をはぐらかした。

「僕にとっては、世界中が家族やし、若い人たちはみんな自分の子どものように思っているで。それより、優斗くんはさっきもずるいと言うとったけど、〝ずるい〟の中身は変わったんちゃうか」

ボスの言うとおりだ。さっきまでは将来へツケを回している過去の世代に対して〝ずるい〟と感じていたが、今は、お金がある人に対しての〝ずるい〟に変わっていた。

存在していたのは、世代間の不平等ではなく同世代の中の格差だった。

「格差の問題は真剣に考えなあかん。せやけど、少なくとも昔の人が将来にツケを残してないことは、わかったんちゃうかな？」

優斗は頭の中で事実を整理してみた。

国は借金をして、お金を使った。

でも、それを受け取って働いたのは、国の中の人だった。

昔の世代が借金をしたが、彼らが働かずなまけていたわけではない。

国が借金して使ったお金は、誰かの財布の中に存在している。

1つひとつうなずきながら確認していると、七海がさらなる疑問を口にした。

「私はまだ気になっていることがあります。実際に、借金しすぎて破綻《はたん》する国もありますよね。最近ですと、アルゼンチンやギリシャとかが破綻《はたん》しそうになりました。それはどうお考えですか？」

「すばらしい質問や。気になることをとことん追求する精神は大事やで。僕もその話をしようと思ってたんや」

ボスが話を続けようとすると、病室の扉がノックされた。

「ジングージさん、入りますよ」

呼びかける声とともに、眼鏡をかけた看護師が入ってきた。

ジングージさんを探して、優斗はとっさに部屋の中を見回したが、もちろんボス以外に考えられない。ジングージというのは、初めて耳にする苗字《みょうじ》だった。聞き覚えがないのだが、なぜか見覚えはあった。

「神宮寺《じんぐうじ》」という漢字の並びが、頭の中に浮かぶ。どこで目にしたのだろうか。すぐには思い出せなかった。

これから30分ほど検査があると看護師が告げたので、優斗と七海は部屋から出ていくことにした。

時間は戻《もど》らない

1階にあるカフェで時間をつぶそうと2人が廊下を歩いているとき、急にあたりが騒《さわ》がしくなった。

すぐ横を、ストレッチャーを押した救急隊員たちが通り過ぎていく。廊下に響《ひび》く足音と車輪のきしむ音で、空気が張りつめる。緊迫《きんぱく》した空気の中、彼らは声をかけ合っていた。ストレッチャーが奥の処置室に入ると、廊下はふたたび静けさを取り戻《もど》した。

その光景を見ていた優斗は、働く人が社会を支えているというボスの言葉を思い出した。

「ああいう人たちのおかげなんですよね」

七海に話しかけたつもりだったが、彼女はうつむいたまま動かない。

「どうしたんですか？」

優斗の心配する声に、ようやく「ごめんね」とだけ返して彼女は額《ひたい》に手を当てた。その手はわずかに震《ふる》えていた。

正面玄関の横には、街でも見かけるチェーン店のカフェがテナントとして入っている。優斗が運んできたカフェラテを一口飲むと、七海は少し元気を取り戻《もど》した。

「ごめんね、もう大丈夫」

「ここに来たときもつらそうだったし、病院の先生に診《み》てもらったほうがよくないですか」

「びっくりさせちゃったわよね。ただ、病院が苦手なだけなの。入ったときの消毒液の匂いとか、さっきみたいなストレッチャーの車輪の音とか……」

その気持ちはわからなくもない。優斗も小さいころは、予防注射を受けさせられるのが嫌だった。とはいえ、立派な大人の七海が病院を怖がるのは、少し可笑《おか》しかった。

優斗がからかおうとすると、七海は神経質そうな声でつぶやいた。

「あのときは、すぐ退院できると思っていたんだけどね……」

優斗の顔から笑みが消えた。遠くを見つめる七海が、亡くした母親を思い出しているのは明らかだった。

「時間って戻《もど》らないんだなって、当たり前のことに気づいたのよね……」

返す言葉が見つからず、優斗はカフェラテを口にして、沈黙を取りつくろった。

「ボスも心配よね。せっかく仲良くなれたから、元気でいてほしいわよね」

心配する七海の言葉に、優斗は不自然なほど、すぐに反応した。

「心配しすぎですよ。ただの検査入院ですから」

本音は真逆だった。病室のしおれた花が気になっていた。優斗はとっさに話題を変えた。

「意外だったんですけど、ボスにも子どもがいるんですね。いつも、家族の話とかしないじゃないですか」

「人それぞれ、いろんな事情があるんじゃない？　ここに研究所を構えているけど、彼は関西弁だし、ご家族とは離れて暮らしているのかもしれないわよね」

関西弁を話すボスが、この街にいることには、何か理由があるのだろうか。さっき家族の話題をはぐらかしたことも引っかかる。そして、神宮寺という名前をどこで見たのかも気になった。

働けなくなった国の行く末

病室に戻《もど》ると、にこやかな顔をしたボスがソファに座って待ち構えていた。時間を惜《お》しんでいるのか、2人が腰を下ろす前に、彼は話し始めた。

「借金をして、破綻《はたん》した国もあれば、破綻《はたん》しなかった国もある。2つの国を分けるのは、そのお金で誰に働いてもらったかということや。破綻《はたん》した国は、国の中の人たちが働かなかった。家の借金と同じで、外側にいる人に頼りすぎたんや」

破綻《はたん》した国の事情は、大まかには同じだとボスは言う。

借金をしても国内の労働力に頼るなら問題なかったが、外国の人に働いてもらったせいで、お金がどんどん外に流れて、将来世代が働いて返さないといけなくなった。外国へのツケを増やしすぎて破綻《はたん》したそうだ。

その話を聞いて優斗は心配になる。

「日本って、大丈夫なんですか。ちゃんと働いているんですか？」

「グッドポイントや。外国に頼ることもあるし、外国のために働くこともある。問題なのは外国に頼りすぎることや。そうするとお金がどんどん外に流れる。貿易黒字という言葉は聞いたことあるやろか」

授業中に先生にあてられたときのように、優斗の肩に力が入った。

「えっと、輸出だとお金が入って、輸入だとお金が出るから……、輸入より輸出が多いと、貿易黒字になります……よね？」

不安そうな内心を察してか、ボスは優しくほほえんだ。

「難しく考えんでも大丈夫や。優斗くんの家が独立して、1つの国を作ったことを考えてみたらええわ」

優斗の国では、トンカツが輸出品で、輸入しているのは服や電気などの生活必需品《ひつじゅひん》。トンカツがたくさん売れて貿易黒字になれば、この国のお金は貯まっていく。お金が貯まるということは、外国のためにしっかり働いているということだ。将来世代は、そのお金を使って、外国に働いてもらえるとボスは説明してくれた。

「なるほど。そのように貿易をとらえているんですね」

と、七海が感心する。

ボスによると、日本がこれまでに積み上げてきた貿易黒字はなんと250兆円もあるそうだ。その巨額の数字こそが、日本人の国民性を表しているという。

それは、日本人の勤勉さだ。

「借金をしても、なまけてお金を外に流してきたわけやない。むしろ、外からお金を稼《かせ》いできた。自分たちのために働いた上に、外国のために250兆円分も働いてきたんや」

「なんだ。心配させないでくださいよ」

優斗は胸をなでおろしたが、ボスの話はここで終わらなかった。

「ぬか喜びさせて申し訳ないが、このままやと日本はやばいんや」

将来のツケになる本当の赤字

最近になって日本は大幅《おおはば》な貿易赤字に転落しているという。かつて、その品質の高さから飛ぶように売れていた日本製品だが、外国も技術的に追いつき、輸出を増やすのは簡単ではないらしい。加えて、高齢者人口が増える中、医療や介護《かいご》の分野で働く人手を確保する課題も抱《かか》えている。

「輸出が増えないからといって、輸入をおさえるのも難しいですよね」

と七海もしぶい顔をする。食料やエネルギーの自給率の低い日本は、小麦などの食料品や、発電に必要なエネルギー資源を海外に頼っているそうだ。

「七海さんの言うとおりや。食べ物や電気は生活必需品やから、輸入をがまんするわけにもいかへん。これが高級ブランドのバッグなら、がまんすればすむ話やけどな」

しかし、貿易赤字が増えると本当に困るのだろうか。優斗の頭に疑問が浮かんだ。

「貿易赤字って、外国にお金が流れるのが悪いんでしょ。だったら、お金を印刷しちゃえばいいんじゃないですか」

「おもろいアイディアやな。せやけど、問題は国内にある日本円が足りなくなることやない。外国が日本円を大量に持つことや」

日本円を使うことで、外国の人たちは、日本製品を買ったり日本を旅行したり、さまざまな形で日本の人に働いてもらえる。もし、外国の人たちが大量に日本円を保有するようになって、それを使い始めたら、日本にいる僕たちは、自分たちの生活だけでなく、外国のためにもたくさん働かなければいけなくなる。

それこそが将来のツケになるとボスは言う。

「でも、それって、ふせげませんか」

優斗は、その話を自分の国に置《お》き換《か》えて考えてみた。

「僕の国で発行したサクマドルを外国の人たちがたくさん持っているのと同じなんでしょ。サクマドルを使わせなくしたらいいじゃないですか」

その反論に、ボスは首を振った。

「そうは問屋《とんや》がおろさへんで。日本円が使い物にならへんと、外国の人たちは日本円を欲しがらなくなる。日本円の価値が下がって、誰も食料や石油を売ってくれへんやろな。そうならんためにも、貿易赤字は無視でけへん」

言い終えると、ボスは急に咳《せ》き込《こ》み始めた。

顔がみるみる赤くなる。

「大丈夫ですか？」

七海が心配そうに駆《か》け寄《よ》り、ボスの背中を優しくたたいた。咳《せき》はしばらく続いたが、彼女が背中をたたくたびに少しずつ収まっていった。

「もう、大丈夫や。すまんすまん」

三度ほど深呼吸をしてから、ボスは話を戻《もど》した。

「七海さんのわだかまりは解消できたやろか。僕らは借金と引き換えに今の生活を送れているんやない。借金と同じだけ預金が存在しているし、今のところは、外貨をたくさん貯めている。せやけど今がふんばりどきや」

「私たちの生活は、過去の蓄積の上に成り立っていることには変わりないんですね。将来にツケを残さないためにも、外国に頼るだけではなくて、外国のために何ができるかを考える必要がありますね」

「何をするのが正解なのか、僕にはわからへん。それに、今の僕の話は、日本のことしか考えてへん。外国のことを考えていたわけやない。君らが思う正解の未来を、ぜひとも作ってほしい」

コンコンとふたたびノックの音が響《ひび》いて、さっきとは別の看護師が入ってきた。

「空気を入れ替えますね」

彼女は大きな窓にかかる薄い水色のカーテンを勢いよく開けた。外の景色が部屋の中に飛び込んでくる。

川沿いの桜並木が見事なピンク色の帯を描いていた。満開の桜が川面《かわも》に映り込み、全体がピンク色に包まれている。

看護師は、窓を半分ほど開けたあと、すぐに部屋を出ていった。

ボスはその風景を眺《なが》めながら、感慨深《かんがいぶか》げに話し始めた。

「僕らは、良くも悪くもお金に惑《まど》わされているんや。このお金という存在を取り払うと、経済の風景もまったく別物に見えてくる」

「どういう風景ですか？」

七海が問いかけると、ボスは一言つぶやいた。

「贈与《ぞうよ》や」

外をじっと見つめる彼は、桜の美しさを自分の目に焼きつけているようにも見えた。

「経済がこれほど発展したのは贈与のおかげや。僕らは、お金と商品を交換したり、お金と労働を交換していると思っている。せやけど、実は全部が贈与や。お金に惑わされたおかげで、贈与が交換に見えるようになったんや」

まったく話についていけず、優斗は苦笑いした。

「贈与ってプレゼントってことでしょ。お金で交換しているのに、それが実はプレゼントだなんて、さすがに無茶苦茶ですよ」

「そうか、無茶苦茶か。ハッハッハッハッハ」

ボスは声を出して笑った。

その笑顔に、春の穏やかな陽の光があたっていた。

世界は贈与でできている

ボスはペットボトルの麦茶を飲み干すと、パジャマのポケットから見慣れた黒いものを取り出した。

彼が愛用している万年筆だ。

「お金が存在しない時代、僕らは物々交換《ぶつぶつこうかん》をしとった。僕はお茶が欲しくて、この万年筆と交換したいと思っているとしよか。しかし、これには問題があるんや。お互いが欲しいものを持っていないと成り立たへん。七海さんが万年筆を欲しがっても、お茶を持ってないから交換できないんや」

七海のペットボトルはほとんど空《から》になっていた。

「逆に優斗くんはお茶を持っているけど、万年筆を欲しいわけやないとしようか。僕らが交換しか知らんかったら、何も起きへん」

七海が、万年筆を持つボスの右手を見つめる。

「その状況で必要になるのが、贈与だということでしょうか？」

「贈与が経済を発達させるんや。たとえば、こうすれば僕と七海さんは幸せになる」

ボスは右手に持った万年筆を七海に渡して、左手で優斗のペットボトルを取りあげた。

「これが経世済民や」

お茶をとられて、優斗は納得がいかない。

「でも、知らない人にお茶をとられたら嫌ですよ。もちろん、ボスだったらよく知っているから、欲しいと言われたらあげますけど……」

「そうやな。知らない人に贈与するのは難しい。それやと経済は発達しにくい。それを可能にしているのが、お金なんや。僕は七海さんに万年筆を渡して、お金と交換してもらう。そのお金を優斗くんに渡してお茶と交換してもらう。お金を取《と》っ払《ぱら》って考えると、結果的にさっきの贈与と同じような流れが発生している。強制的に、贈与をうながしているようなもんや」

「その考え方は素敵ですね」

七海の顔がぱっと明るくなって、ボスもうれしそうな顔で話を続ける。

「この贈与が世界を作るんや。今、僕が君らにお金と経済の講義をするのはほんまもんの贈与や。見返りに、家の掃除や食事の用意をお願いするわけやない。君らは、僕の話を聞いて、未来のために何かしようと思う。次の贈与につながるんや」

「贈与かあ。兄ちゃんの大学もタダにしてくれたらなあ」

優斗は愚痴《ぐち》をこぼしたが、それこそが擬似的《ぎじてき》な贈与だとボスは教えてくれた。

「お兄さんは、大学の先生に教わるけど、先生のために働いて返すわけやない。社会に出てから、お金を稼《かせ》いで、奨学金《しょうがくきん》を返す。そのお金を稼《かせ》ぐときに、未来の誰かのために働いているんや。次の贈与が起きている」

「そっか。そう考えるのか。借金って思うと重たいけど、大学で勉強させてもらったから社会に役立とうって考えると、少しは気持ちがラクですね」

「世界は贈与でできているんや。自分から他人、他人から自分への贈与であり、過去から現在、現在から未来へと続く贈与なんや。その結果、僕らは支え合って生きていけるし、より良い未来を作れる。それを補っているのがお金やと僕は位置づけている」

「将来、僕が社会で働くのも贈与ってことですよね。だけど、社会に出て何ができるかなんてさっぱりわかんないです」

困った顔をする優斗に、

「あせらんでも、ゆっくり見つけたらええんや」

と、ボスは優しく声をかけた。


「すみません。そろそろ新幹線の時間なので」

七海が申し訳なさそうに言ったとき、面会時間終了《しゅうりょう》の午後5時を少し過ぎていた。

「よし。次回までに1つ宿題や。君らは、誰のために働くのか。それを考えてきてほしい。これは、誰の幸せを願うのかという質問でもある」

「はい。考えておきます」

七海は返事をしたあとで、

「これ、お返ししなきゃ」

と言って、さっき受け取った万年筆を差し出した。

ところが、ボスはそれを受け取るかわりに、両手を胸の前で合わせた。

「すまん。ひとつお願いを頼まれてくれへんか。文房具屋《ぶんぼうぐや》さんで、同じインクを補充《ほじゅう》しといてほしいんや。次回来るとき持ってきてくれたら助かるわ」

「そんなのお安い御用《ごよう》ですよ」

七海はほほえんで、万年筆をバッグにしまった。

「あと、優斗くんにもお願いや。下の売店で歯ブラシを買ってきてほしいんや」

「いいですよ。買ってきまーす」

優斗は手をあげて陽気に答えた。

「君らにお願いしたから、僕の講義は贈与やなくて、交換になってもうたな」

豪快な笑い声は聞こえなかったが、ボスは満面の笑顔を見せてくれた。

その1カ月後、
研究所の副所長から、優斗に連絡《れんらく》が入った。

ボスが亡くなったと聞かされた。

優斗にできることは、誰のために働くのか、という宿題の答えを考え続けることだった。

第5章のまとめ

☑ 全体の預金が増えているのは、誰かが借金をしているだけ

☑ 過去からのツケが存在するのではなく、同世代の格差が存在している

☑ 借金する国ではなく、働けない国が破綻《はたん》する

☑ 外国に頼る以上、外国に対してどんな価値を提供できるかを考える必要がある

☑ 人から人への贈与、過去から現在、現在から未来への贈与が経済を発展させる

最終章

最後の謎《なぞ》
「ぼくたちはひとりじゃない」

優斗は緊張した面持《おもも》ちで、エレベーターの階数表示をじっと見つめていた。28……29……30……。その数字が増えていくのを見ても、自分が高速で上昇《じょうしょう》している実感は湧《わ》かない。中学3年生になった優斗は、ゴールデンウィークを利用して、兄のいる東京にやってきていた。ボスの訃報《ふほう》を受けてから2週間がたつ。映画館で時間をつぶすという兄とは1階で別れ、優斗だけが50階へと上がってきた。

ここで、七海と会う約束をしていたのだ。

展望カフェを予約してくれた彼女はまだ到着《とうちゃく》していなかったが、彼女の名前を告げると、スタッフが窓際の席へと案内してくれた。

全面が窓になっていて、東京の街並みが一望できる。ところどころに深緑のエリアが散在していたが、陸地のほとんどはコンクリートとアスファルトでおおわれていた。その一方で、青い空をおおうものは何ひとつない。地上では目に入らなかった東京の空の広さに圧倒された。空は果てしなく続いている。

ボスのことを思い出す。どこかで生きているのではないかという幻想《げんそう》が頭をかすめた。限りなく続く空の下に、彼が笑って暮らしている街が1つくらいあっても不思議ではない。そう思いたかった。

カバンから水色の封筒《ふうとう》を取り出して、テーブルの上にそっと置いた。それは、亡くなったボスが2人にあてた手紙だった。

店員が持ってきたメニューを開こうとしたとき、七海が颯爽《さっそう》とやってきた。水色のシャツワンピースの裾《すそ》が、歩くたびに優雅《ゆうが》に揺れている。

「お待たせー。ごめんね」

彼女は笑顔で謝った。それはボスと会っているときとは違う、緊張感のない自然体の笑顔だった。

「全然、大丈夫です。それより、やばいですね。ここの景色」

「せっかく東京まで来てもらったんだからね。こういうところに来ないとね」

彼女はにっこり笑うと、右手を上げて店員を呼ぶ仕草をした。

「私は、アイスティーとミルクレープにするけど、優斗くんはもう注文した？」

「僕も同じのにします」

優斗は即答《そくとう》した。これからのことを考えると、ゆっくり選ぶ気にならなかった。自然に振る舞えるのか不安に感じていた。

注文を終えた七海が、テーブルの上の封筒を控《ひか》えめに指差す。

「それね。預かった手紙というのは」

「はい。僕と七海さんに、って言っていましたよ」

「正直、びっくりしちゃったわよね。すぐに会えるもんだって思っていたからさ」

七海は少しうつむいてさびしそうな顔をしたが、すぐ顔を上げてたずねてきた。

「それで……手紙はもう読んだの？」

「いえ。まだ、開けてないんです」

「だったら、読んで聞かせてよ」

七海は明るい声で言った。

封を開けて、優斗は手紙を取り出した。七海の許可を得てからでないと開けてはいけない気がしていた。

「じゃあ、読みますね」

ボスの柔らかい笑顔を思い出しながら、優斗はゆっくりと口を開いた。


七海さん、優斗くん。元気にしているやろか。もう一度会って話したかったけど、約束を守れなくて申し訳ない。伝えきれなかったことを手紙に書くことにした。僕は君たちに、宿題を残していた。

誰のために働くのか？

この問いかけに、自分や家族のためだと答える人は多いやろう。彼らは「誰のためにお金を稼《かせ》ぐのか」という質問をされたと考える。「働く」という言葉を、「お金を稼《かせ》ぐ」という言葉に自動変換《へんかん》しているんや。

資産運用をすすめる銀行員が「お金に働いてもらいましょう」と言うときの「働く」も、「お金を稼《かせ》ぐ」という意味や。「働く女性」という表現をするとき、専業主婦は含まれない。家族のために家事をしたり、子どものために育児をしたり、しっかり働いているにもかかわらずや。ここでの「働く女性」も、「お金を稼《かせ》ぐ女性」という意味で使われている。これはお金の奴隷になっている証拠やと僕は思っている。

「私も同感よ、それ」

七海がさえぎる。

「ずっと違和感あったのよ。女性の労働参加とか、共働きって言い方するけどさ、家事や育児をしている主婦は遊んでいるわけじゃないのよね」

軽い怒りをにじませる七海に、優斗はたじろいだ。

「僕も同感です。でも、自分には思いもよらなかった視点です」

「だけど、彼が女性の立場でも考えていたなんて、驚きよね」

優斗は、七海の感想にうなずきながら、手紙に視線を戻《もど》した。


本来は、働くこと自体が、誰かのためになる行為《こうい》そのものや。誰かが抱《かか》えている問題を解決している。優斗くんの両親がトンカツを作るのは、お客さんの空腹を満たすためや。優斗くんが教室の掃除をするのは、クラス全員のためや。

その働く行為に、お金が絡《から》むかどうかは本質的には関係ない。

1人ひとりが誰かの問題を解決しているから、僕らの社会は成り立っている。何度も言うように、お金が社会を支えているわけやない。

以前、お金というシステムを取り入れたことで社会は広がったと話したが、半分は嘘《うそ》や。たしかに、貨幣経済が発展して世界中の人たちと物を売り買いするようになった。支え合う社会が広がった。

しかし、そこには仲間意識のような実感は伴わない。支え合っていると実感できる〝ぼくたち〟の範囲《はんい》は逆にせまくなったように感じる。自分が、世界というだだっ広い社会の一員だと感じることは難しい。僕が子どものころのほうが、〝ぼくたち〟の範囲は広かったと思う。

少し僕の人生を振り返らせてほしい。

日本が敗戦から立ち直ろうとしていた時代に、僕は農家の子として生まれた。そこには助け合いながら暮らす人々が周りに存在していて、それが社会やと感じていた。

田植えや収穫《しゅうかく》、農作業が大変なときは、他の農家と協力するのがあたりまえやった。猪《いのしし》が畑を荒《あ》らして困ったときも、役所に苦情を言うわけでも、駆除《くじょ》してくれる業者にお金を払うわけでもない。自分たちで柵《さく》やネットを設置して農作物を守ったり、罠《わな》をしかけて捕獲《ほかく》したりしたもんや。

葬式《そうしき》や結婚式《けっこんしき》も、地域の人に手伝ってもらいながら準備をする。ともに悲しみ、ともに喜ぶ。今みたいに、お金を払って知らない人に問題を解決してもらうんやない。解決してくれる人たちが周りにいて、彼らの顔が見えていたんや。

ボスがそんな暮らしをしていたことが、優斗には意外だった。

「大金持ちのボスにもそんな時代があったんですね」

「私も詳しく知らないけど、戦後しばらくは、日本全体が貧しい時代だったって聞くわよね。それでも、地域社会の助け合いがあったから、生き抜いてこられたんでしょうね」

そのとき、店員がアイスティーとミルクレープを運んできた。

「ご注文の品は以上でよろしいでしょうか。ごゆっくりお過ごしください」

その機械的な口調に、優斗はほんの少しの不気味さを感じた。


小学生のころ、近くの商店街の食堂に足しげく通ったことを覚えている。ご飯を食べるためやなく、テレビで力道山《りきどうざん》のプロレスを観《み》るためやった。小さなテレビ画面を何十人で囲んで観たもんや。

当時は物が足りない時代やった。庶民《しょみん》の家にはテレビも家電もなければ、勉強するための本も十分にはない。服や食べ物に困ることもあった。

しかし、今みたいに、不平を言う人はおらんかった。不満をもらしても、解決できるわけやない。自分たちの手足を動かして助け合うしかない。それでもだめなら、がまんするしかなかった。

社会に手触《てざわ》りがあったとでも言うんやろうか。みんなが助け合っていることが直《じか》に感じられた。

電気も足りない時代で、小さいころは週に何度か使用制限があった。やがて、いつでも電気が使えるようになったのは、発電用のダムが完成したからや。そのダムの建設工事では100人以上が犠牲《ぎせい》になったらしい。手触りのある社会やったから、彼らのおかげで僕らが便利になったと感謝できた。

新幹線が開通したのもそのころや。庶民《しょみん》が利用するには、その切符《きっぷ》は高すぎた。それでも未来に連れて行ってくれる乗り物ができた気がして、うれしかったもんや。

ダムや新幹線を造った人たちに会うことはなかったが、同じ空の下に生きていて、僕らのために働いてくれたことが十分感じられた。働くということは誰かの役に立つことだと子どもながらに感じ取っていたんやと思う。僕もその意味で、働く大人になりたいと思っていた。

ところが、現実は違った。子どものころに思い描いていたような大人にはなれずに、お金の魔力《まりょく》に取り憑《つ》かれてしまったんや。

手紙の中のボスが、生き生きと語りかけていた。

「お金の魔力か……」

優斗には、年収で仕事を選ぼうとしていた自分への警告のように思えた。

七海もうなずいた。

「お金の奴隷になるなって言っていたのは、理由があったのね」


働きながら夜間大学に通おうと大阪《おおさか》に出たが、ギャンブルにはまって大学はすぐに辞《や》めてしまった。それからはいろんな仕事をした。ここでは書けないような詐欺《さぎ》まがいのこともしたかもしれん。

少しばかりお金を貯めたら、もっとお金が欲しくなって会社を始めた。ちょうどバブル経済の波が押《お》し寄《よ》せてきたときやったから、その波に乗って順調に会社は成長した。金さえあれば人が集まるから、もっと金もうけできたんや。

ところが、バブル崩壊で泡《あわ》のごとく消えた。財産だと思っていた社員たちもほとんどが出ていった。カネの切れ目が縁の切れ目。その程度の人間関係しか築けなかったんや。

そんな失敗を経験しながら、ようやく気づいたことがある。もうからないと会社は存続できないが、もうけること自体を目的にしたら会社は長続きしない。会社が長続きできるのは、社会の役に立っているからや。その結果として、もうけることができる。そういう会社に人もお金も集まる。

僕は、残ってくれた社員ともう一度会社を作った。失敗から学んだことを実践したら、会社はどんどん大きくなった。

そこでもうけたお金は投資に回した。投資といっても株の取引でもうけたわけやない。より良い未来を作ろうと挑戦《ちょうせん》する若者たちに資金を提供したんや。その投資によって、お金がさらに増えたから、僕はお金を作り出す錬金術師と呼ばれていたようやな。

しかし、お金を作っているつもりはこれっぽっちもない。人を育てて未来を作っているつもりや。それから僕は地元に戻《もど》ってきて、君たちが来てくれた研究所を作った。

七海が「へえ」と小さく驚きの声をあげて、

「優斗くんの街の出身だったのね」

とつぶやいた。

優斗は何か言おうとしたが、そのまま読み続けることにした。


気がついたら、子どものころの感覚を取り戻《もど》していた。ふたたび社会に手触りが出てきて、〝ぼくたち〟と思える範囲が広がったんや。

この〝ぼくたち〟を広げると、社会の感じ方が変わる。優斗くんが年末に買ってきてくれたどら焼きを、二百円で手に入れたと感じるか、和菓子屋のおばちゃんが作ってくれたと感じるかの違いや。

〝ぼくたち〟の範囲がせまくて、おばちゃんが外側にいる赤の他人やと思えば、二百円で手に入れたと感じる。つまり、お金がすべてを解決したという感覚になる。

しかし、〝ぼくたち〟の範囲が広がって、おばちゃんをその内側にいる仲間やと思えれば、おばちゃんが作ってくれたと感じる。

この〝ぼくたち〟の範囲は、知り合いかどうかではなくて、僕らの意識次第や。

お金の奴隷になっている人ほど、この範囲はせまくなって、家族くらいしか入らへん。いや、家族も入らない人もいるやろうな。

そうなると、自分の生活を支えるのは、お金やと思ってしまう。知り合いの店だろうとどこだろうと、働いてくれた人のおかげだなんて思えない。社会を〝ぼくたち〟の外側に感じて、すべてが他人事《ひとごと》になり、お金を増やすことしか考えなくなるんや。


ここまでいっきに読んだ優斗は、アイスティーを口に流し込んだ。冷たい潤《うるお》いが、乾いた喉《のど》にしみわたる。七海は、物思いにふけっているようだった。優斗がグラスをテーブルに戻《もど》すと、彼女は顔をあげた。

「私も、母が亡くなったあと、ひとりぼっちになった気がしていたのよね。だけど、彼の話を聞くうちに、少しは気持ちがまぎれたの。周りの人と支え合っている気がしてきたというか。それが、〝ぼくたち〟と感じられていることかどうかはよくわからないけどね」

「僕も、ちょうど最近、同じようなことを感じていたんです。ボスの影響もあって、商店街のイベントとか手伝うようになったんです。そんなときは〝ぼくたち〟が広がっている気がします」

「そういった地元のつながりがあるのはいいわよね」

七海はそう言うと、窓の外に目をやった。彼女の視線が遠くの空に向かっているのを見て、優斗はふたたび手紙を読み始めた。

僕が伝えたいのは、君たちにとっての〝ぼくたち〟の範囲を広げてほしいということや。家族、学校の友人や会社の同僚《どうりょう》、同じ国で生きる人々、そして世界全体。空間的な話だけやなく時間的にも広げられる。過去の人や未来の人も含めて〝ぼくたち〟になりえる。

社会のためを考えるという意味でもあるけど、それだけやない。自分のためにも、社会の一員やと感じられたほうがいい。そのほうが孤独《こどく》を感じなくなるからや。どんなにお金があっても、誰かといっしょにいても、昔の僕は孤独を感じていた。

じゃあどうすれば、意識が変わって〝ぼくたち〟が広がるんやろうか？

僕が思うに、１つは目的を共有することやと思う。

たとえば、災害が起きたとき、〝ぼくたち〟と感じられる範囲が急速に広がった経験はないやろうか。支え合って生きていることを実感して、社会に手触りが戻《もど》る。他の人のために何かできないかと考える人が増えて、ボランティアに参加したり、救援《きゅうえん》物資を送ったりする。

それは「日常生活を取り戻《もど》す」という目的を社会全体で共有できるからやと思う。東日本大震災《だいしんさい》のとき、自衛隊や多くのボランティアが救援活動を行った。多くの国々が救援部隊を送ってくれた。困難の中にあって、世界の人々と支え合っていると実感できた。災害で世の中のしくみが変わったわけやない。ただ、僕らの意識が変わっただけや。

だから、僕は同じ目的を共有することが大事やと思っている。誰もが共有できる目的は、未来や。

気候変動でも自然破壊でも、世界全体が直面しているような問題に興味を持って、未来を守るという目的を共有できれば、〝ぼくたち〟は広がる。お金の奴隷になっている大人たちのように、SDGsという標語を掲《かか》げるだけで、ビジネスチャンスとして金もうけに走れば、〝ぼくたち〟はせまいままや。お金の奪い合いが始まる。

そうならないために、僕らは未来を共有したほうがいい。

手紙の内容からも、強い筆圧で書かれた文字からも、そしてその行間からも、ボスの想いが伝わってくる。しかし、優斗は次の行に目を移して、読むのをためらってしまった。

「どうしたの？　読めない漢字でもあった？」

「いや、恥ずかしくて」

本当は、別の感情が湧《わ》き上がっていたのだが、七海に言うわけにはいかなかった。優斗が手紙から視線を外すと、身を乗り出した七海が、手紙をのぞき込んだ。

「なるほど、そういうことね」

状況を把握したと思った彼女は、口元に柔らかい笑みを浮かべた。

そして、

「私が読むわよ」

と、手紙をすくい上げて、続きを読み始めた。

もう1つ大事なことは、心から人を愛することや。家族でも恋人《こいびと》でも誰でもいい。それによって、僕らの意識は大きく変わる。〝ぼくたち〟という範囲に愛する人が加わるだけやない。他者を愛することを知ると、その人がどう感じているかを考えるようになる。自分と他者では見え方や感じ方が違うことに初めて気づく。

そして、愛する人を守ろうと思うと、社会が他人事《ひとごと》でなくなる。自分だけなら自分の周りのことだけ気にかければいい。ところが、愛する人はいつも自分のそばにいるわけやない。自分と離れて暮らすかもしれないし、自分が先に死ぬかもしれない。そうなると、その人を守るためには、社会が良くなることを願う。〝ぼくたち〟の範囲が広がるんや。

僕もそうや。やり直した会社が軌道《きどう》に乗ったころに、僕は結婚《けっこん》した。しかし、会社を優先しすぎたあまり、家族には出ていかれてしまった。これは僕のせいや。

会えなくなっても、別れた妻や子どものことを愛している。彼女たちの幸せを考えると、社会が他人事《ひとごと》ではなくなった。社会や未来のことを初めて考えるようになったんや。

だから、君たちも愛する人を見つけてほしい。

「愛する人ねえ」

自分自身に問いかけるようにつぶやいた七海は、しばらく宙《ちゅう》を見ていた。

彼女の頭に浮かぶのは誰なのだろうか。母親を亡くすのはどんな気持ちなのだろうか。

長い沈黙に思えたが、ほんの数秒だったかもしれない。その間、優斗はただ静かに彼女を見つめていた。

「あと1枚だから読んじゃうわね」

彼女はそう言って、音読を再開した。


最後に僕の好きな話を紹介したい。経済学者のフリードマンという人の有名なスピーチがある。彼は、1本の鉛筆《えんぴつ》を取り出してこう言った。

「この鉛筆を作れる人は世界に1人もいない」

それが作られている木材は、ワシントン州で伐採《ばっさい》された木からできている。その木《き》を切り倒《たお》すのこぎりには鋼《はがね》が必要で、その鋼を作るには鉄鉱石が必要だという。真ん中の黒い芯《しん》は圧縮グラファイトでできていて、南アメリカのいくつかの鉱山から来ている。他にも、頭の部分についている小さい消しゴムや接続部分の金属、塗《と》料《りょう》やそれを定着させる薬剤《やくざい》など、何千人もの人々がその鉛筆を作ったと彼は説明する。

僕が好きなのは、このあとの話や。

同じ言語を話さない人、異なる宗教を信仰《しんこう》する人、出会ったら憎《にく》み合うかもしれない人が協力して作っている。お金を使った経済によって、人々の間に調和と平和が促進《そくしん》されていると彼は言っているんや。

お金は世界中の人々をつなげてくれる。しかし、お金の奴隷になったらあかん。人と人とのつながりを感じて、〝ぼくたち〟の範囲を広げるんや。七海さんの名前のように、七つの海をまたいで世界にまで広げようとしてみてほしい。

空間だけやなく、時間も超えて〝ぼくたち〟は広がる。過去の歴史の営みは、年号を覚えるために存在するんやない。現在の生活のいしずえになっている。

過去から受け取ったバトンを未来へつなげていってほしい。

僕の〝ぼくたち〟には、もちろん君たちも入っている。そして、自分の子どものように思っている。遠くから、君たちの活躍を祈《いの》っている。

愛する人ができて、〝ぼくたち〟が広がったときに、また会おう。

七海は最後の文を読み終えると、手紙を静かにテーブルに置いた。

優斗はイスの背もたれに体を預けて、天井を見上げる。涙《なみだ》がこぼれ落ちないように、ぐっとこらえた。

向かいから氷がカラカラと鳴る音が聞こえてくる。七海がアイスティーをストローでかき混ぜているのだろう。

天井からぶら下がる照明の白いコードをぼんやり眺《なが》めていると、彼女の声が聞こえてきた。

「お金もうけが好きな人なのに、どうして社会や未来の話をするのか不思議だったけど、いろんなことがあったのね。だから〝ぼくたち〟を広く感じられるのね」

優斗は深呼吸をして気持ちを整えてから、ゆっくりと視線を戻《もど》した。

「僕も、ようやく納得できた気がします。ボスの話す経済はキレイごとだと思っていたところもあったんです。だけど、〝ぼくたち〟が広いから、そう感じることができるんですよね。きっと」

手紙の余韻《よいん》に浸《ひた》りながら、2人は黙ってミルクレープを口に運んだ。七海は半分ほど食べて、フォークを皿の上に置いた。

「そういえばさ。この前の宿題は考えたの？　誰のために働くのかって聞かれていたじゃない？」

「まだよくわかんないです」

優斗は答えた。

いつもなら、そこで話を終えていたかもしれない。しかし、ボスの手紙の影響なのか、まだ整理できていないことを話してみようという気になった。

「だけど、両親とか周りの人たちの見方が少し変わった気がします」

「へえ。どんなふうに？」

「前は、お客さんは神様だって言う両親を冷めた目で見ていたんです。だけど、それって、お金のためだけじゃないんですよね。お客さんのために、おいしいご飯を食べてもらいたいって気持ちも大きいんだなって思えてきて。周りの商店街の人たちも同じなんです。和菓子屋のおばちゃんも、みんなにおいしく食べてほしいから餅《もち》つき大会とかしてくれるし、ひまそうにしている本屋のおじさんも僕らに読んでほしいと思っている本を並べているんですよね。みんな誰かの幸せを考えて働いているんだなって思えてきたんです。それが、〝ぼくたち〟を広げることなんだろうなって思いました」

「それ、わかるわ。うちの会社の理念って、Customer《カスタマー》 comes《カムズ》 first《ファースト》なのよ。お客さん第一ってことなのね。お金もうけしているくせにお客さんを第一に考えるってキレイごとだと思っていたんだけど、お客さんのためになる仕事をしているからお金をもらえるのよね。きっと誰かの鉛筆を作れているのよ」

「鉛筆、ですか?」

優斗は聞き返した。

「そう。手紙の中にあった話よ。木を切る人は、その木が鉛筆になるなんて知らないし、その鉛筆が誰によってどう使われるのかもわからない。だけど、確実に誰かの役に立っているはずよね。私の仕事も同じで、金融商品の部分までは見えるけど、その先はよくわかんないのよ。でも、金融商品によって資金を調達して助かっている会社は確実にあるし、その会社はお客さんの役に立っている。それは間違いないのよね。もしかしたら、このミルクレープ作りに協力しているのかもしれないしね」

七海が窓の外を見下ろす。彼女の視線の先には、数えきれないほどのビルやマンションが立ち並んでいた。

「お金のために働いていると思っていたときは、味方のいない世界で、ひとりで生きている気がしていたんだけど、誰かのために働いているって考えると世界が広がって見えるわね」

「きっと、ボスはそのことが言いたかったんでしょうね」

2人はしばらく外を眺《なが》めた。すぐ横の空でトンビが風に乗って輪を描いた。

「なんか不思議ですね」

優斗はしんみりとした気分になっていた。

「お金ってどこか汚《きたな》いものだと思っていたのに、人とのつながりの話になるなんて。初めてボスに会ったときのこと覚えています？　目の前に札束を置かれて。あのときは、絶対やばい人だって思っていましたよ」

「そうそう。お金を山積みにされたわよね。そんな人が、社会や未来の話をして、最後は愛が大事だなんて、びっくりよね」

2人は顔を見合わせて笑った。

「でも、彼にとっては同じ話だったのよね。お金の話をするときも、その裏側にある人々の営みに目を向けていて。そこはわかるんだけどね。人を愛するってのがね……」

茶色い瞳《ひとみ》をくもらせる七海の心のうちが、優斗には読めなかった。

「えっ。すごくいい話だと思って、僕は聞いていたんですけど」

「違うのよ」

七海があわてて手を横に振る。

「彼の言いたいことはすごくよくわかるの。でも、ずっと母と2人で暮らしてきたから……

失うことを考えると、また誰かに心を預けるのが怖いのよね」

ボスだったら、気の利《き》いた言葉がかけられただろう。しかし、優斗には「そうなんですね」とあいづちを打つのがやっとだった。


「そういえばさ、」と何かを思い出した七海はバッグの中をごそごそと探った。

取り出したのは、黒い万年筆だった。

「どうしたらいいのかと思って、とりあえず持ってきたのよ」

「そのこともボスからことづかっていました。返さなくていいから、そのまま使ってくれって言っていましたよ」

「そうなの？　すごく上等な万年筆らしいわよ。言ってくれれば、送ってあげたのにな」

「急に移住することにしたらしくて、しょうがなかったんでしょうね。僕も突然呼び出されて、この手紙を受け取ったんです」

「自由な人よね。宿題出したままなんだから、もう1回くらい私たちと会ってから行けばいいのに。スイスで療養《りょうよう》したいなんてさ。ほんと、お金がある人は気ままでいいわよね」

七海は半ばあきれた顔をしていた。

その向かいで、優斗は、ふたたび込み上げてくる感情をおさえていた。

こうして、ボスの講義がすべて終わった。

最終章のまとめ

☑ 働くとは、お金を稼《かせ》ぐことではなく、誰かの役に立つこと

☑ お金によって社会は広がったが、“ぼくたち”と感じられる範囲はせまくなった

☑ 目的を共有すれば、“ぼくたち”の範囲は広がる

☑ “ぼくたち”の範囲をいちばん広げられるのは、未来を共有すること

☑ そして、人を愛すること

エピローグ

6年後に届いた愛

——久しぶりやな。1つ頼《たの》みがあるんや。

大変ご無沙汰《ぶさた》しております。いかがなさいましたか。

——とある若者に、お金が無力やと伝えたいんや。

お金は無力、ですか？

——とにかく、その若者に引き合わせてくれへんか。

畏《かしこ》まりました。ところで、その若者というのは……

土曜の午後、優斗はパソコンの前に座っていた。と言っても、スクリーンに焦点《しょうてん》は合っておらず、ただ時が過ぎるのを待っていた。

教室ほどの広さの事務室は、1つだけ窓が開いていて、新緑を通り抜けた心地よい風が流れ込んでいた。時おり、子どもたちのはしゃぐ声も運ばれてくる。外に広がる緑地は、地元の人たちの憩《いこ》いの場にもなっていた。

事務室の壁にかけられた掲示板《けいじばん》には、イベントのスケジュールの他に、スタッフのプロフィールも貼《は》られていた。それを眺《なが》めていた赤い髪の若い女性が、甲高《かんだか》い声を上げた。

「えっ、佐久間さん、県立大の経済学部なんですね！　私もなんです。どこのゼミなんですか？」

ぼんやりとしていた優斗は、1テンポ遅れて返事をした。

「――ああ、宮平《みやだいら》ゼミだよ」

「ちょっと教えてくださいよ。ゼミの希望出さなきゃいけなくて」

彼女は優斗の隣に座り、イスを近づけてくる。

「宮平ゼミって、どうですか。就活にも強いんですか」

「強くはないよ。それに、単位を取るのも厳しいよ」

その説明に、彼女はわかりやすくがっかりした顔をする。

「コスパ悪すぎじゃないですか。なんで、そんなところにしたんですか」

「純粋《じゅんすい》に地域経済に興味あったからだよ」

「佐久間さんって、意識高いですよね。この前の歓迎会で、誰かから聞きましたよ。佐久間さんは高校生のときに運営メンバーに入ったって」

「まあ、家が近所だしね」

優斗たちが運営しているシェアハウスは、市も協力する大規模なものだ。別の地域からやってきた学生や社会人が、地元地域との交流を持ちながら暮らせるように作られたのが当初の目的だった。さまざまな年代向けのイベントが開かれていて、今では地元の人同士の交流を深めることにも一役買っていた。

「ここって、元はお金持ちのお屋敷だったんですよね？」

「そうそう。だけど、昔は高い塀で囲まれていて、中の様子はよくわかんなかったけどね」

今ではその塀は取り壊され、一般にも開放されている。外だけでなく、中もリフォームされてかなり変わった。そのままにしているのは、奥のミーティングルームくらいだった。

このシェアハウスのプロジェクトは、優斗自身のアイディアが元になっていた。ボスが亡くなった3年後に、研究所が移転することになり、屋敷が寄付されたという経緯《けいい》があった。ある意味では、優斗が屋敷を受け継いだとも言えるだろう。

そのアイディアに賛同して、形にしてくれたのは堂本だった。「それ、楽しそうっすね」と言うと、次々に仲間を見つけて、プロジェクトメンバーを増やしていった。彼の行動の基準はシンプルで、楽しいかどうか、それだけ。アフリカ支援も慈善《じぜん》活動をしているつもりはなく、ただ楽しいから取り組んでいるそうだ。

今では、彼自身もこのシェアハウスに住んでいて、いろんなイベントを企画《きかく》している。彼の支援するアフリカの大学生たちが1週間滞在《たいざい》することもあった。

優斗のパソコンに表示されている時刻を見て、赤髪の新人は急に声を上げた。

「やばっ。もう、こんな時間。私、夕方のイベントの準備しなきゃ」

「今日、なんかあったっけ?」

「福田書店のおばさんですよ。親子で泣ける絵本の紹介です。これ、佐久間さんの企画したイベントじゃないですか」

「ああ、そうだった」

鈍い返事をする優斗に、彼女は心配そうな顔をする。

「なんか、朝から変ですよ。ぼーっとしていません? 休んだほうがいいですよ」

立ち上がった彼女は両手をあげて少し伸びをしてから、部屋を出ていった。

入れ替わるように、年配の男性が入って来て、軽く手をあげた。

「優ちゃん。東京からお客さんがいらっしゃったからミーティングルームにお通ししたよ」

電流が走ったかのように、優斗の体がビクッと反応した。

「すぐ行きます」

返事とともに、立ち上がっていた。天井を見上げて、ゆっくりと息を吐《は》く。朝から落ち着かなかったのは、このときを待っていたからだ。

朝からではない。6年間ずっと待ち続けていた。

自分のリュックから、2通の封筒を取り出した。水色と青の封筒。水色のほうには「優斗くんと七海さんへ」と書かれていて、すでに封があいていた。それは6年前に七海といっしょに読んだ手紙だった。もう1つの青い封筒には、まだ封がされていた。

そっちには、「七海さんへ」とだけ書かれていた。ようやく、あのときのボスとの約束を果たすことができる。優斗はそう思った。


6年前、まだ中学生だったあの日、病院でボスは嘘《うそ》をついていた。

売店で歯ブラシを買った優斗は病室に戻《もど》ってきて驚いた。何本もの管につながれたボスがベッドに横たわっていたのだ。

「大丈夫ですか」

あわてて駆け寄ると、ボスは肘《ひじ》をついて上半身を起こした。それだけで息が上がっている。

「大したことやない。君らとしゃべってちょっとばかり疲れただけや。それより、1つ、僕の頼みを聞いてくれへんか」

話すだけで疲れるなんてよほどのことだが、優斗は平静《へいせい》をよそおった。

「それなら、買ってきましたよ」

そう言って、歯ブラシを渡そうとした。

「ちゃうちゃう、これやないんや。君と2人になりたかったから嘘《うそ》をついたんや。ほんまのお願いはこれや」

水色と青、2通の封筒が差し出された。

「何ですか?」

ためらいながら、優斗は封筒を受け取った。

「体調を考えると、もう一度、会うのは少し難しいかもわからん。もし僕が死んだら、水色の手紙を2人で読んでほしいんや」

「変な冗談、やめてくださいよ。ただの検査入院なんでしょ?」

おそらくそうではないだろう。しかし、希望を込める意味で、優斗は疑いの目を向けていた。

「ほんまの話をするわ。今週は体調が良かったから会えたんやけどな。残された時間は長くないねん。これは、半年前からわかっていたことなんや」

ボスは観念したかのように肩の力を抜いて、苦笑いをした。そして、この半年間のことを話し始めた。

「人生の終わりを意識したら、家族に会いたくなった。今は独り身やけど、別れた妻と娘《むすめ》がおるんや。妻は出産してすぐに出ていったから、娘は僕のことを知らん。その妻に会おうとしたら、少し前に亡くなっていたことがわかったんや。それで娘を探した」

「え……。それって、まさか……」

口を開けて驚く優斗に、ボスはゆっくりとうなずいた。

「七海という名前は、僕がつけたんや。世界で活躍してほしいという意味を込めてな」

「なら、すぐに知らせなきゃ」

スマホを手にした優斗の袖《そで》を、ボスの左手がつかむ。

「あかん、あかん。まだ知られたくないんや」

「どうしてですか！」

優斗は強く詰《つ》め寄《よ》った。

「養育費を出したくらいで、父親ヅラなんてでけへん。それに、すぐに死んでしまうんやで。

母親を亡くしたばかりの彼女をますます落ち込ませるだけや。だから、父親という立場を隠して会ったんや」

「じゃあ、七海さんの上司がすすめたってのは？」

ボスは首を振った。

「ほんまは、その上司とは面識すらないんや。彼女の会社の社長にお願いして、うまいこと彼女に引き合わせてもらった。せやけど、ただ会いたかったんやない。父親として、最後に何ができるかを考えたんや。絶望する彼女にしてあげられるのは、世界の見え方を変えるヒントを示すことやと思ったんや」

かける言葉が見つからなかった。ボスの言葉を受け止めることで優斗は精一杯《せいいっぱい》だった。

「せやけど、時間切れや。もう一度会うのは厳しいやろな。僕が亡くなったら、うちの副所長から優斗くんにだけ、連絡が行くようにしとくわ。そのときは、最後の講義のかわりに、その水色の封筒を2人で読んでくれへんか。そして、僕はスイスで療養していることにしてほしい。父親じゃなくても身近な人が立て続けに亡くなるのはきついもんや。申し訳ないが彼女にはしばらくの間、隠しておいてくれへんか」

優斗は声を絞《しぼ》り出してたずねた。

「しばらくの間……ですか？」

「そうや。彼女に愛する人ができるときまでや。それまでは生きていることにしてもらえたらうれしい。そして、そのときは、青い封筒を七海さんに渡してくれると助かる。そっちには父親としての思いが書いてある。自分勝手やけど、いつかは僕が父親だったことを知ってもらいたいのが本音や」

「そうだったんですね」

耐《た》えられなくなって、優斗は目をそらした。ベッド脇《わき》のモニターには、規則正しい波形が表示されていた。その動きを目で追いながら、気持ちを落ち着かせた。

「実は、何か事情があるのかなって思っていました。今、病室の扉を開けるときも心のどこかでは、覚悟していたんだと思います」

「何や。ばれとったんか」

ボスは子どものように笑った。

「なんとなくですけどね。いろんなことが引っかかっていました。いつも理由をつけては、お菓子を食べなかったし、お酒を紅茶に入れなくなったし。何よりも引っかかったのが、家族の話です。家族を例に説明するとき、僕に話を振っていました。だけど、七海さんには、ほとんど触れなくて、唯一聞いたのは形見の時計についてでした」

ボスは遠くの一点を見つめて、なつかしそうな顔をした。

「あれは婚約《こんやく》したときに僕が妻に贈《おく》ったんや。それを七海さんの手首に見つけたときは、ほんまにうれしかった。妻が許してくれたと思ったんや。その腕《うで》時計のお返しにもらったのが、さっき七海さんに渡した万年筆なんや」

優斗はふたたび、ボスの瞳《ひとみ》を見つめた。決意はすでに固まっていた。

「約束は守ります。黙っておきます。必ずこの手紙も渡します」

手紙を持つ優斗の手を、しわのある温かい両手が包み込んだ。

「そうか、そうか。渡してくれるか。やっぱり、あの大雨は、誰かが降らしてくれたんやな」

娘と再会する日に土砂《どしゃ》降《ぶ》りになるなんて、自分はよほど疎《うと》まれているとボスは思ったらしい。しかし、その雨が優斗を屋敷に連れて来たことに、運命を感じたそうだ。そして、自分と娘との橋渡《はしわた》しになってくれるに違いないと直感したという。

「君に会って驚いた。見覚えがある顔やと思ったけど、佐久間という名前を聞いて確信した。僕は小さいころに、君の家にお世話になっていたんや。当時は佐久間食堂っていう名前やったわ。よくテレビを見せてもらったし、おなかがすいたときには、おにぎりやコロッケもごちそうになった。小さいときに、格差を埋《う》めてもらったんや。そのお礼をしに、5年ほど前に、今のトンカツ屋さんに行ったことがある。そのときに、君の姿を見かけたんや」

やはりそうだったのか、と優斗は思った。

「うちのテレビ、ボスが寄付してくれたんですよね？　さっき、ボスの苗字を知って、気になっていたんです。店のテレビに貼ってあるプレートに『寄贈　神宮寺より』って書いてあったことを思い出したんで」

「隠すつもりもなかったんやけどな。余計な話をして、僕の素性《すじょう》が七海さんにばれたらあかんから、なるべく自分の話は避けてたんや。僕は子どものころ、この街で助け合いを学んだ。格差を埋めてくれた佐久間食堂からは、特にいろいろ学んだ。それを、君にも伝えたいと思ったんや。いや、君にも伝えるように、運命が動いたんやと思うわ。せやから、前回、僕は格差の話をしたんや。3人で過ごす時間はほんまに楽しかった。優斗くんの好奇心に満ちた目や家族のことを思う優しい心に触れて、未来は明るいと思ったんや。これで、僕は安心して休むことができる」

ボスは、管のつながった左手で優斗の頭をくしゃくしゃになでると、

「キミと出会えてほんまに良かった」

と笑いながら言った。

優斗は目を大きく開いて、涙がこぼれ落ちないようにがまんした。

これが最後に交わした会話だ。それ以来、ボスはスイスで暮らしていると思い込むことにした。

手紙を託《たく》された優斗は大学3年生になっていた。

七海から、結婚したとの知らせが届いたのは1カ月前のこと。入籍《にゅうせき》したのは去年で、今年の秋には、家族がもう1人増えるらしい。「愛する人ができるまで」という条件はあいまいで困っていたが、今回が間違いなく、そのときだった。

久しぶりに電話で連絡をとって話すと、研究所の今の姿を見たいと彼女のほうから言ってくれた。

そして、今日、再会の日が訪れた。

ミーティングルームの扉を開けると、七海がいつものイスに腰掛けていた。ボスの話を聞くときに、いつも彼女が座っていたイスに。

「他はすっかり変わっちゃったのに、この部屋だけ、昔のままなのね」

七海がなつかしそうに話す。

彼女の左手に光る指輪を見て、優斗の顔から自然と笑みがこぼれた。

「遅くなりましたけど、七海さん、結婚おめでとうございます」

その言葉を口にしたとたん、優斗の目に涙がにじんだ。肩《かた》の荷が下りた気がしたのだ。

「ちょっと、ちょっと。なんで泣いているのよ。花嫁《はなよめ》の父じゃないんだからさ」

七海が困った顔をして笑う。

「な、泣いてないですよ」

照れ笑いをして、優斗は必死に感情を隠した。「花嫁の父」という言葉が重くのしかかる。「それは僕じゃないんです」と叫びたかった。でも、それは優斗の口から伝えるべきではない。とにかく、ボスからの手紙を読んでもらいたい。

しかし、心境は複雑だった。それは同時に、もう1つの真実を伝えることになるからだ。ボスが、スイスにはいないという真実を。

気持ちをおさえて、呼吸を整える。そして、七海の目を見て、青い封筒を差し出した。

「ボスからです」

そう言ったつもりだったが、声がかすれていて、ほとんど言葉にならなかった。

七海は何かを察《さっ》した顔をして、封筒を黙《だま》って受け取ってくれた。彼女の茶色い瞳《ひとみ》が、封筒に書かれた「七海さんへ」という文字をじっと見つめる。優斗とボスの想いを大切に受け取ろうと、心の準備をしてくれているように見えた。

深呼吸をした七海が、覚悟を決めたように封を開けて、中の手紙を読み始める。

部屋の中の時間は、静かに流れていた。手紙の内容も七海の反応も気になったが、怖くて見ていられない。時おり、便せんをめくる音だけが聞こえてくる。

昔は、豪快な笑い声がこの部屋によく響《ひび》いていた。部屋の主《あるじ》はいつも優しく、笑顔で2人に語りかけてくれた。そして、いつも丁寧に話を聞いてくれた。七海の母親への喪失感《そうしつかん》も、優斗のお金持ちへの憤《いきどお》りも、最後まで聞いてすべてを受け入れてくれた。

押し寄せる感情の波に、優斗は流されそうになる。それにあらがうように、ボスの傲慢《ごうまん》な態度を思い出そうとした。万年筆を突きつけられたし、札束を投げるように渡されたこともある。

初対面のときには、こんなえらそうな言い方もされた。

「君らみたいな子どもは、社会も愛も知らんのやろうな」

しかし、頭の中でそのセリフを再生して、優斗はハッとした。

ボスにとって、「子ども」という言葉には特別な意味があった。面と向かって、七海を子どもとは呼べない歯がゆさが、そこには込められていた。決して、傲慢《ごうまん》さからきた言葉ではなかった。

実の娘である七海に、社会と愛を伝えたかったのだ。

その愛が込められた手紙を、6年たった今、七海が読んでいる。

七海は、手紙を何度か読み返して、ようやくテーブルの上に置いた。そして、目の前にあるボスの愛用していたイスに向かってつぶやいた。

「私の幸せを考えてくれていたのね」

優斗はその言葉を聞いて、自分の役割をようやくまっとうできたと思った。手紙を託《たく》されてから、ずっと不安だった。いつ渡せるのか。渡す機会がなかったらどうしようか。ボスだって自分の想いが伝わるか不安だったはずだ。

できることなら、あの日の病室に戻《もど》ってボスに報告したかった。そうしたら、「優斗くん、ありがとう」と、満面の笑顔で、優斗の頭をくしゃくしゃになでてくれるだろう。

だけど、それをかなえることは、もうできない。


「早く教えてくれてもよかったのに」

七海がつぶやくのを聞いて、優斗はあわてて弁解した。

「違うんです。ボスに頼まれたんです。悲しませないように、黙っていてほしいって」

「大丈夫。知ってる。私に愛する人ができたらこの手紙を渡すようにって、言われたんでしょ？　この手紙に書いてあった。別に責めているわけじゃないのよ。――実を言うとね。私、気づいていたの」

七海の声は落ち着いていた。

「預かった万年筆に、『R to S』っていう刻印を見つけたの。母の腕《うで》時計にも『S to R』って、まったく同じ活字で彫《ほ》られているのよね。きっと、お互いに贈《おく》り合ったんだろうなって思ったの」

「じゃあ……ボスに連絡したんですか？」

「ふつうだったら、するわよね。何度もメールしようとしたのよ。だけど、結局送れなかったの……。悪い気がしたのよね」

「どういうことですか？」

「母が亡くなったから、すぐ父を頼るのって、母を裏切るみたいじゃない？　私を育ててくれたのは母だったし、母には私しかいなかったからね」

「そうだったんですね……」

「でも、最近になって、会ってみたいと思うようになったの」

そう言うと、七海は自分のおなかを見つめて、優しくなでた。

「自分が親になると思ったら、向き合ってみたいと思ったのよね。でも、別の不安も出てきて、ためらっちゃったの。嫌な予感がしていたのよね。そしたら……」

彼女は、テーブルの上に置かれた白い便せんを見つめた。

「……もう、どこにもいないのね」

ボスは、どこにもいない。

現実という大きな波が優斗の胸に押し寄せてきた。そして、ボスがスイスにいるという幻想を完全に流し去った。優斗自身もその幻想にすがりついていたのかもしれない。七海に伝わった今、その幻想を信じてくれる人はいなくなった。

ボスはどこにもいないのだ。優斗は愕然《がくぜん》とした。

静まり返った部屋に、時計の秒針の音だけがむなしく聞こえてくる。

ふと、自分を見つめる七海の冷静さが気になった。

「悲しくないんですか？」

優斗は思わずたずねた。涙ひとつ見せない彼女の反応に違和感を覚えていた。少しはボスのことを悲しんであげてほしい。そうじゃないとボスが浮かばれない。

ところが、彼女は悲しむどころか、笑いかけてきた。

「だって、悲しむわけにいかないじゃない」

きょとんとする優斗に彼女は続ける。

「私が悲しまないように、嘘《うそ》をついてくれたんでしょ。6年も時間をかせいでくれたわけよね。私が愛を受け入れられるように」

そして、彼女はゆっくりと言った。

「優斗くん、ありがとう」


もう、止められなかった。心の隅々にたまっていた感情がいっきにあふれ出た。ボスの笑い声を聞くことも、いたずらっぽい笑顔を見ることもできない。彼が父親として七海に会うこともできない。

だけど、救われた気がした。ボスから聞きたかった言葉を、七海から聞くことができた。ボスの想いが、しっかりと七海に届いたのだと感じた。


指で涙をぬぐう優斗に、七海が語りかける。

「私、思うんだけどね。愛って、常に時差があって届くんじゃないかな」

「時差……ですか？」

「あの人……お父さんと私は、生き別れていたから、愛を受け取るのが遅れたんじゃないのよ。私もね、今、おなかの子をたくさん愛しているけど、この子は絶対そんなことわかっていないと思うのよね。愛には、きっと時差があるのよ。お父さんにもお母さんにも愛されていると思うから、この子をたくさん愛してあげられると思うのよね。時差があるからこそ、未来に続いていくんじゃないかな」

ボスの言葉がよみがえる。

過去から現在、現在から未来への贈与で社会はできている。

愛する人を守ろうと思うと、社会が他人事《ひとごと》でなくなる。

優斗が顔を上げると、ボスのイスと彼の遺《のこ》した本棚が目に入った。初めて会ったとき、ボスは1億円の山をポンとたたいて言っていた。

「お金に価値はない。もっと大事なものがあるんや」

ボスのいた過去には戻《もど》れない。だけど、ぼくたちの前には未来がある。

時計の秒針の音がふたたび聞こえてきた。

本棚の中で、とぼけた顔をしたラクダの時計が、しっかりと時を刻んでいた。

【参考文献】

宮台真司
『14歳からの社会学――これからの社会を生きる君に』
筑摩書房、2013年

近内悠太
『世界は贈与でできている――資本主義の「すきま」を埋める倫理学』
NewsPicksパブリッシング、2020年

佐渡島庸平
『WE ARE LONELY, BUT NOT ALONE. ――現代の孤独と持続可能な経済圏としてのコミュニティ』
幻冬舎、2018年

田中孝幸
『13歳からの地政学――カイゾクとの地球儀航海』
東洋経済新報社、2022年

高井浩章
『おカネの教室――僕らがおかしなクラブで学んだ秘密』
インプレス、2018年

森博嗣
『笑わない数学者』
講談社文庫、1999年

田内学
『お金のむこうに人がいる――元ゴールドマン・サックス金利トレーダーが書いた 予備知識のいらない経済新入門』
ダイヤモンド社、2021年

【参考webサイト】

「老後資金2000万円貯めても積立方式でも年金問題は解決しない、厚労省年金局数理課長×田内学氏対談」
▶ https://diamond.jp/articles/-/295185

【著者紹介】

田内　学（たうち　まなぶ）

1978年生まれ。東京大学工学部卒業。同大学大学院情報理工学系研究科修士課程修了。

2003年ゴールドマン・サックス証券株式会社入社。以後16年間、日本国債、円金利デリバティブ、長期為替などのトレーディングに従事。日本銀行による金利指標改革にも携わる。

2019年に退職してからは、佐渡島庸平氏のもとで修行し、執筆活動を始める。著書に『お金のむこうに人がいる』（ダイヤモンド社）、高校の社会科教科書『公共』（共著、教育図書）、『10才から知っておきたい 新しいお金のはなし』（監修、ナツメ社）などがある。『ドラゴン桜2』（講談社）、『インベスターＺ 番外編「人生を変える！令和の投資教育」』（コルク）でも監修協力。

お金の向こう研究所代表。社会的金融教育家として、学生・社会人向けにお金についての講演なども行う。

インスタグラム（@tauchimnb）やnote（https://note.com/mnbtauchi/）でも、お金や経済の情報を発信している。

きみのお金は誰のため
ボスが教えてくれた「お金の謎」と「社会のしくみ」

2023年10月31日　第1刷発行
2024年11月8日　第13刷発行

著　者──田内　学
発行者──田北浩章
発行所──東洋経済新報社
〒103-8345　東京都中央区日本橋本石町1-2-1
電話＝東洋経済コールセンター　03(6386)1040
https://toyokeizai.net/

ブックデザイン…………………成宮　成（dig）
D T P…………………………キャップス
カバー・本文イラスト……………森優
目次・本書のコンセプトイラスト……enjoy your life/Shutterstock.com
印　刷…………………………TOPPANクロレ
編集協力………………………佐渡島庸平（コルク）
編集担当………………………桑原哲也
　ISBN 978-4-492-04735-4
